PAUL MANGIN

L'ANNÉE D'AUTREFOIS EN PROVENCE

PRÉFACE DE JEAN AICARD

PARIS

DUC, ÉDITEUR

Rousselet, 35

TOULON

MARIUS RAIBAUD, LIBRAIRE

Rue de l'Intendance, 6

1895

L'ANNÉE D'AUTREFOIS

EN

PROVENCE

PAUL MANGIN

L'ANNÉE D'AUTREFOIS EN PROVENCE

PRÉFACE DE JEAN AICARD

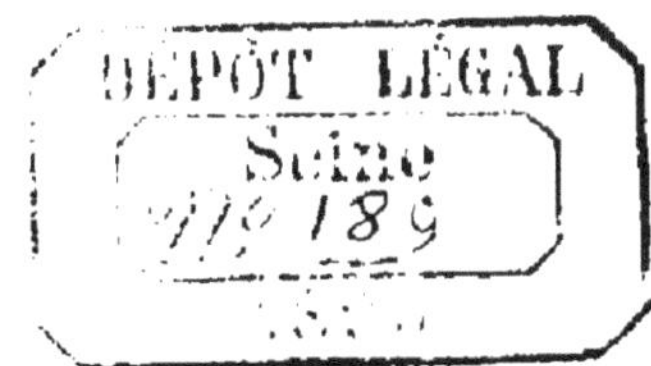

PARIS	TOULON
LUCIEN DUC, ÉDITEUR	MARIUS RAIBAUD, LIBRAIRE
Rue Rousselet, 35	Rue de l'Intendance, 6

1895

PRÉFACE

Voici le livre, bien provençal, d'un Toulonnais : *L'Année d'autrefois en Provence*, par Paul Mangin.

Il a un charme mélancolique, ce titre « Autrefois » : ce mot éveille en nous l'idée de tant d'années, accumulées, également finies ; et, sur un si grand nombre, le poète, le rêveur n'en voit qu'une, l'année-type, celle qui les résume toutes, il ne voit que le retour égal des mêmes travaux, des mêmes fêtes au cours de l'an.

L'année d'autrefois ?.. Hélas ! dans le passé, un seul jour et tout un siècle tiennent la même place. On les mesure au seul souvenir de quelques faits vite racontés, — et c'est la tâche que s'est donnée Paul Mangin.

L'auteur n'a pas l'air d'aimer beaucoup le présent, et je le suis assez volontiers dans ses regrets. Lisez *les Olives*, *la Fête-Dieu*, *le Carnaval*, vous y verrez bien vite toute son esthétique ; il aime les antiques « moulins

1

d'huile » où brûle le *calen*, dans la nuit des vieux murs, où les meuniers noirs étalent sur le pain l'huile odorante et dorée, où se répètent nos légendes de Provence, et où la machine moderne demeure ignorée. Il lui faut le pittoresque des anciennes choses et surtout l'émotion attendrie des ressouvenirs qu'on retrouve en elles ; il les aime, les vieilles choses, parce qu'elles parlent de fidélité, parce qu'elles rappellent l'enfance et parce qu'elles sont la patrie. Et encore parce qu'elles sont la foi, la naïveté et la santé.

Je les regrette avec l'auteur de *L'Année d'autrefois*, les processions de juin, ces fêtes du genêt, fleur d'or de Bretagne et de Provence, ces fêtes où le mysticisme catholique s'accompagnait d'une pompe païenne, où les théories de fillettes voilées de blanc chantant, avec leurs voix grêles, la *rose mystique* du ciel, écrasant sur le pavé le romarin et la sauge, excitaient ainsi tous les sens et tous les rêves à la fois, à travers les vieilles rues sombres tendues d'étoffes éclatantes. Elles duraient huit jours dans *l'année d'autrefois*, ces fêtes d'été qui fleurissaient et embaumaient les murs et les pavés de villes... Et maintenant, cette étrange neige dorée des Fêtes-Dieu, où s'en est-elle allée ? Où vont les neiges blanches, les neiges d'antan...

Au pli de nos collines chaudes, tels que la neige aux ravins des hautes montagnes, les genêts règnent toujours... mais nous ne savons plus les fêter dans nos villes... et leur triomphe oublié symbolise bien *l'année d'autrefois.*

Avec autant d'éloquence, l'auteur nous parle du Carnaval de jadis. Il ressuscite les fileuses dont la quenouille était illuminée, — et tout le sens symbolique des vieux amusements de nos pères en temps de Carnaval, toute la bonne humeur saine de leurs déguisements — la sagesse de leur folie, la santé de leur rire. Nous sommes nerveux aujourd'hui, voilà le mal : nous avons toujours peur de manquer le train, et le sifflet des locomotives, l'éternel bruit de ferraille que font les wagons traversant nos villes, ont fait fuir les groupes de masques qui, dans les Carnavals d'autrefois, avaient besoin des spectateurs paisibles, attentifs, jamais pressés, réunis en cercle autour d'eux. Le vent qui sort des tunnels a éteint les feux des lumignons que portaient les *fileuses* ; un coup de projection de lumière électrique a achevé la déroute des bons masques souriants qui étaient nos grands-pères et nos grand'-mères

> Adieu ! pauvre
> Adieu ! pauvre
> Adieu ! pauvre Carnaval !

Toute cette mélancolie qu'on éprouve à opposer le présent au passé, tout ce regret des choses simples de jadis, qu'est-ce autre chose que de la tendresse ? Et la tendresse n'est-elle pas la grande marque des cœurs de poète ? C'est elle qui a dicté à Mangin ce livre en l'honneur d'Hier ; il aime le passé comme on aime les aïeux et les vieux objets soigneusement conservés qui leur ont appartenu. C'est pourquoi son reliquaire prendra place sur les étagères, au milieu des *santons* de nos crèches, que nous ne pouvons regarder sans revoir avec émotion notre petite enfance et nos grandes croyances, presque oubliées, perdues tout là-bas... au fond de l'année d'autrefois.

JEAN AICARD.

A MA MÈRE

Je dois à ta mémoire d'avoir pieusement recueilli certains détails sur les anciennes coutumes et traditions de notre vieille Provence bien-aimée ; à ma venue au monde, quelques-unes d'entre elles n'étaient déjà plus ; c'est par toi que je les ai apprises et je les ai consignées dans ce volume.

En cette fin de siècle, en effet, la marche vertigineuse des sciences positives nous a poussés aux derniers raffinements de la civilisation et du progrès : le courant nous emporte et il nous faut nous hâter, sans même avoir le temps de jeter les yeux en arrière. La génération nouvelle, désabusée avant de vivre, portant au cœur deux mortelles blessures : l'égoïsme invétéré et le scepticisme moderne, s'en va à la dérive, dénigrant le passé.

Injuste à l'égard de ceux dont elle tenait l'héritage et qui, eux-mêmes, ont, par leurs fautes, con-

tribué à le leur faire perdre, son ingratitude en est
arrivée jusqu'à l'oubli. Quelle en est la raison ?
C'est qu'à force de lui ravir toute illusion, toute
croyance, tout idéal, elle a marché sans boussole, à
l'aventure, sans savoir, et ayant perdu la notion des
joies saines des ancêtres et le secret de leur bonheur,
elle a tenté de chercher, au milieu des irréparables
ruines de toutes choses, ce qu'elle n'y pouvait pas
trouver.

C'est donc aux jeunes que j'abandonne ces pages,
où sont retracés les principaux traits des mœurs
simples et vivaces de nos pères.

Qu'engendreront-elles à la lecture ?

Par l'examen attentif de l'orgie morale de notre
époque, il n'est pas malaisé de le prévoir : — Chez
la plupart, elles feront naître le mépris ; — chez
quelques autres, une distraction passagère ou un
frivole plaisir ; — chez les meilleurs et le plus petit nombre, un regret, peut-être !

Ne serait-ce que pour ces derniers, âmes coura-
geuses et viriles, où sont renfermées, comme en un
refuge suprême, les espérances et les destinées d'un
peuple qui n'est plus lui-même et qui, pourtant,
pourrait se ressaisir encore, ce livre n'aurait-il pas
sa raison d'être ?

P. MANGIN.

LA « DEVISE » ET LA VOIX DU POÈTE

A Jean Aicard.

Cher Maitre, un dernier mot, ma muse sera brève :
Depuis quatre-vingt-neuf, la faible Humanité
Vers les trois idéals s'oriente sans trève :
L'un nous coûta du sang : ce fut la Liberté !

L'historique nuit d'août, généreux flot de sève,
Vit naitre le second, la sainte Égalité ;
Le troisième ici-bas, couronnement du rêve,
N'est point encor entré dans la réalité :

Car la Fraternité puise au ciel sa racine.
Qui donc peut décréter, tant sa source est divine !
La fin de l'Égoïsme et de l'Inimitié ?...

— Cela serait pourtant, réponds-tu, si l'enfance,
Au sortir de l'école, éprise d'espérance,
Portait au cœur l'Amour ; dans l'âme, la Pitié !...

LES CRÈCHES DE NOEL

A Paul Albert.

Rien n'indique plus clairement chez un peuple la perte des croyances et des traditions, que la décadence de ses mœurs. Les révolutions opérées dans l'esprit public et dans les coutumes de chaque localité, montrent assez l'abaissement du niveau général de la moralité nationale.

Si nous jetons, en effet, un coup d'œil sur le caractère de nos mœurs provençales, nous remarquerons tout de suite combien elles ont subi le contre-coup de la déchéance commune. Toutes les habitudes, toutes les joies, tous les amusements si précieusement conservés par nos aïeux, ont été bouleversés par le souffle destructeur du scepticisme moderne, qui s'acharne à en détruire les derniers vestiges. Jadis, toutes les réjouissances populaires de la Provence s'échelonnaient sur les diverses fêtes religieuses de l'année et s'imprégnaient, pour ainsi dire, de leur nature et de leur poésie. La religion marquait le pas et donnait le branle aux fêtes publiques, qui en étaient le corollaire : le culte de Dieu semblait guider et légitimer chaque distraction et donnait à chacune d'elles ce ton intime d'honnêteté et de parfait bonheur qu'elles ont, aujourd'hui, entièrement perdu.

C'est ainsi que la fête de la Noël était autrefois le point de départ et le début de toutes les réjouissances de l'année. Avec la Noël commençait la Crèche. L'épisode de la naissance du Christ était joué par des poupées articulées, mues à l'aide de ressorts, et conduites, sous le plancher de la scène, par des mains expérimentées. Cette poupée, costumée suivant le rôle, portait en Provence le nom de *santon* et mimait la parole de celui ou de celle qui la faisait mouvoir.

C'est dans ces sortes de spectacles que nos aïeux allaient prendre leurs ébats, et ces heures de saines distractions étaient impatiemment attendues par les familles. Noël, en ce temps-là, était la fête patriarcale par excellence. Autour de la grand'mère et de l'aïeul, se groupaient le père et la mère, le

frère et la sœur, la tante et le neveu, les plus jeunes
enfants et le plus vieux serviteur, et tous ensemble
prenaient part au banquet dressé en l'honneur de
l'Enfant-Dieu. Au dessert, d'un air grave, l'aïeul se
levait, versait le vin cuit des vendanges dans le verre
du plus jeune des convives et lui ordonnait de « bé-
nir le feu » du foyer en jetant le liquide sur la bû-
che traditionnelle qui pétillait dans l'âtre ; après
quoi, chacun faisait choquer son verre et, d'un
commun accord, après les rires et les chansons,
toute la famille s'apprêtait pour se rendre à la re-
présentation de la « Crèche. »

Quel bonheur pour les petits ! quelle joie pour
les grands ! quel moment impatiemment attendu
par tous ! Sur le thème de ce sujet biblique venaient se greffer les diverses situations et les misères
ordinaires de la vie humaine. Après l'apparition
faite aux bergers pour apprendre la bonne nouvelle,
se déroulaient à la queue-leu-leu mille scènes comiques, capables de dérider les plus moroses et
les plus sérieux des spectateurs ; les querelles de
ménage, les appréhensions du voleur, les forfante-
ries de l'incrédule, le pauvre aveugle et son chien,
la vieille radoteuse et son âne, tout cela excitait
l'hilarité générale des grandes personnes et des petits enfants. Les automates chargés d'interpréter ces
rôles employaient l'idiome provençal avec ses ex-

pressions pittoresques et de couleur locale ; seuls
les personnages graves de la pièce : Saint Joseph,
l'Ange, la Vierge Marie, les Mages et les rois, le
soldat et l'aubergiste, parlaient un français agrémenté de solécismes, voulus ou non, mais toujours
cocasses, qui provoquaient un fou rire dans les rangs
des spectateurs instruits et bien appris.

Après les scènes désopilantes de toutes ces poupées, avait lieu l'Apothéose. C'était l'adoration du
Messie dans sa crèche de Bethléem, entre l'âne et
le bœuf, où l'on voyait s'accomplir les premiers
miracles, où le pauvre aveugle recouvrait la vue,
où le paralytique et le lépreux étaient tout à coup
délivrés ; enfin, chacun venait déposer son offrande
aux pieds du divin Maître ; la paysanne apportait
ses plus beaux fruits ; le meunier, sa blanche fa-
rine ; le pâtre, son plus tendre agneau ; la bergère,
le lait de ses brebis ; l'avare, son trésor ; l'incrédule,
sa foi, et le voleur son repentir. L'hymne au Seigneur retentissait, la toile du fond se déchirait et
l'Éternel apparaissait dans un essaim de nuages lu-
mineux.

La crèche aux *santons* subit plus tard une altération sensible avec l'avènement de la *Pastorale*.
Cette dernière était, il est vrai, jouée par de véritables acteurs, mais la pièce y perdit de son originalité et de son caractère particulier. Les mêmes ex-

pressions de langage ne furent pas conservées et le charme fut rompu. Ce fut là le commencement de la décadence du goût : les acteurs et actrices chargés des mêmes rôles, n'eurent plus la liberté d'allures des automates articulés et considérèrent la naïveté des scènes comiques de ceux-ci comme étant au-dessous de leur dignité. Bref, l'illusion n'y fut plus la même ; cependant la Pastorale eut encore ses beaux jours et fut jouée longtemps de concert avec la Crèche. Dès la veille de la Noël, les théâtres et autres salles de spectacle représentaient consécutivement pendant un mois et plus, des pièces ou légendes sur la Nativité, et les familles venaient avec plaisir assister en foule à ces spectacles d'où se dégageait toujours un salutaire enseignement.

Aujourd'hui, hélas ! la Crèche et la Pastorale ont vécu : les générations nouvelles n'ont même plus conscience du parfait bonheur que nos aïeux trouvaient dans ces honnêtes distractions ; toute trace du bon vieux temps a disparu. Le souffle du progrès, les controverses et les critiques de la presse sur les divins mystères et les traditions, la soif des plaisirs et des sensualités ont éteint cet amour des choses simples, saines et morales, et ces joies pures de nos ancêtres. Les théâtres eux-mêmes ont abandonné

2.

les idylles, spectacles d'antan, ils ont démocratisé les répertoires nouveaux, et, devant ce pervertissement général du goût, ont fait miroiter sur leurs affiches et à prix réduits, les pochades d'Hervé, les excentricités d'Offenbach et les opérettes de Lecoq : on a ouvert toutes grandes les portes des cafés-concerts et quitté le banquet de famille, pour se ruer en masse aux chansons d'Yvette Guilbert et de Kam' ill, dont les refrains ont pénétré jusque dans les salons. La famille est disloquée, le foyer est devenu désert, ou bien l'étranger y occupe la place, soit pour y voir jouer une comédie inédite, soit pour une réception mondaine. La réunion intime et charmante d'autrefois est bien morte, et si la dinde dorée trône encore à cette heure à la table de Noël, ce n'est plus que pour satisfaire les appétits et donner libre cours à la gourmandise, car l'antique fête de la nativité de Jésus n'est elle-même, en cette fin de siècle, que la fête du ventre et des jouissances épicuriennes.

LA FÊTE DES ROIS

A Mme Pauline Avéros.
directrice de « la Méditerranée. »

Treize jours après la Nativité, nos aïeux avaient trouvé une charmante manière de se distraire dans la traditionnelle célébration de l'Epiphanie ou *Fête des Rois*. Cette fête religieuse rappelait le voyage à travers l'Asie-Mineure des trois Mages se rendant à Bethléem, guidés par la fameuse Étoile. Son côté poétique et mondain consistait en des réunions de famille pendant lesquelles avait lieu une collation où, le plus souvent, les amis les plus intimes étaient conviés.

La pièce principale de la collation était la *Pompe* ou gâteau des Rois, affectant diverses formes suivant les localités. Ce gâteau était divisé en autant de parties égales qu'il se trouvait de convives, et encore, selon le degré d'austérité de mœurs de la famille, prélevait-on sur celles-ci la part du pauvre et des serviteurs. Chaque pompe contenait deux légumes, différents par le sexe, le *Roi* et la *Reine*, sur lesquels se portait toute l'attention des invités, pour savoir à quel convive était échu le sceptre de la Royauté. Celui et celle à qui revenait cette platonique couronne étaient fêtés et condamnés à faire dans la huitaine leur don de joyeux avènement. On portait des toasts en l'honneur des nouveaux promus : si le garçon le plus jeune était Roi, l'aïeul répondait pour lui et prenait la régence, afin d'offrir une nouvelle collation aux invités présents ; si le sort désignait une toute petite fille, la grand'mère prenait en tutelle la minorité de la Souveraine. Les mêmes cas se présentaient aussi pour les jeunes filles et les adolescents. Quand le jeune homme était Roi, il faisait un cadeau à sa jeune compagne ; cette dernière, à son tour, l'invitait à une collation au sein de sa famille et, pour avoir le dernier mot de la galanterie, le généreux monarque ajoutait un nouveau présent.

Ainsi se resserrait l'union des familles de nos ancêtres, chez qui toute réjouissance entretenait des liens de franche amitié au milieu d'honnêtes distractions. Aussi, n'était-il pas rare de voir se fonder d'heureuses alliances au sein même de ces délicieuses fêtes intimes, car souvent ces grands dignitaires, couronnés par le hasard, célébraient dans l'année leurs fiançailles : le *Roi* finissait par épouser sa *Reine* et Dieu comblait de bonheur cette union fortuitement commencée.

La fête de l'Épiphanie se prolongeait quinze à vingt jours environ, et sa célébration avait lieu par quartier, sous la dépendance de chaque paroisse. Ce genre de réjouissance ne se bornait pas seulement à ces réunions autour du gâteau traditionnel : il était encore d'usage de se retrouver ensemble au spectacle de la Crèche ou Pastorale. En voici la raison. La pièce biblique était, à partir de ce moment, augmentée d'une scène capitale représentant l'arrivée des Mages d'Orient devant la crèche du Rédempteur, pour déposer aux pieds du Messie, l'or, l'encens et la myrrhe.

A cette scène, venait se rattacher l'épisode du tyran Hérode, roi des Juifs, qui, jaloux et cruel, avait donné l'ordre d'exterminer tous les enfants mâles de Bethléem au-dessous de l'âge de deux ans, parce que l'un d'eux, appelé Jésus, venait de naitre, auquel était promis le royaume de Judée. Une de ces innocentes victimes, sous les yeux de sa mère au désespoir, était même immolée devant le public ; mais Hérode, puni de ses crimes et en proie à un déchirant remords, était, séance tenante, précipité dans les enfers et dévoré par les flammes éternelles. Les mères étaient vengées, la punition du Très-

Haut en imposait à l'imagination impressionnable des petits, et la vertu triomphante, tout en encourageant l'honnêteté instinctive des foules, provoquait leurs plus sincères applaudissements.

Ces spectacles sont, de nos jours, devenus ce qu'on appelle en terme de journalisme, trop *vieux jeu* et ne sont plus de mise avec nos tempéraments névrosés : n'ayant, du reste, plus aucune notion du mérite ou du démérite, nous ne savons plus tirer un enseignement de quelque chose, et nous nous y refusons même sciemment. Ce que nous recherchons plutôt avec un zèle digne d'éloges, ce sont des stimulants grossiers pour nos esprits dévoyés et des raffinements extraordinaires pour l'hygiène déréglée de notre corps : nous ne vivons que par un jeu continuel de sensations dissolvantes et multiples, et nous avons pris en horreur la frugalité de l'alimentation et la simplicité du goût.

Fidèles aux mœurs de nos pères, quelques rares et nobles familles, ayant le bonheur d'avoir à leur tête leurs vénérables chefs, célèbrent encore dignement entre elles la fête des Rois, mais la masse populaire n'y attache plus aucun souvenir et ne la souligne que par la satisfaction d'un appétit et sous l'aspect alléchant d'une friandise.

Quant à la jeunesse actuelle, indifférente aux charmes du foyer, elle s'évertue, stupide et gouailleuse, à en effacer toute trace dans son esprit, et court après l'ivresse des sens dans les cercles et les cafés ; poussée par une irrésistible et fatale destinée, on la voit s'abrutir dans les taudis et partager avec des drôlesses, devant des piles de bocks de bière frelatée, le gâteau vénéré de nos aïeux, pendant que le fils de famille, au bruit des flots pétillants du champagne, s'en va clandestinement, le soir, avec ses compagnons de débauche, tirer les Rois sur les moëlleux divans d'une horizontale.

LE CARNAVAL

Au docteur Amable Dubrac.

Ah ! pour venir à nous le front morne et glacé,
Par quels affreux chemins, vieux Rire, as-tu passé ?

BARBIER.

Le Carnaval ! Étrange aberration de la fragile raison humaine ! Sans nous attacher à la trop facile étymologie du mot, disons tout de suite quel est son berceau, quelle fut son origine. En remontant à son véritable extrait de naissance, on peut, sans crainte, affirmer que son berceau fut le Paradis terrestre, et son origine, le péché de la première femme, juste à l'heure précise où celle-ci, succombant à la tentation du démon sous la forme du serpent, a été séduite par ce dernier au pied de l'arbre éblouissant du Bien et du Mal.

Inhérent depuis lors à notre nature, il s'est manifesté dès la plus haute antiquité chez tous les peuples, et l'Histoire a suivi sa trace à travers la genèse des siècles les plus reculés. Différences de mœurs

mises à part, n'y avait-il pas similitude entre les
fêtes du bœuf Apis, dans la vieille Egypte, et les
orgies célébrées en l'honneur des dieux du Paga-
nisme, chez les Grecs et les Romains ? Eva ! Eva !
criait-on dans les bacchanales. Cette exclamation
n'indique-t-elle pas assez combien le Carnaval se
confond avec la création de l'homme et ne trahit-
elle point éloquemment la date de son origine ?

Si cette folie n'eût pas été un besoin de notre es-
pèce, elle ne se serait point ainsi transmise d'âge en
âge, et le Christianisme eût été seul capable d'en
arrêter la marche. Le grand acte de la Rédemption
aurait été la barrière et le terme de ces marques
indélébiles de notre déchéance : mais tout effort a
été vain, et, malgré les tentatives de défenses exer-
cées par les premiers docteurs de l'Église, par les
édits des Papes et des Conciles, le Carnaval s'est
plus ou moins manifesté à toutes les époques et sous
tous les régimes, depuis la cour modeste du bon
roi René jusqu'aux marches du trône majestueux
de Louis XIV.

A travers le monde entier, il s'est accommodé de
la nature et du caractère de toutes les races, et, en
Europe, nous l'avons vu tour à tour spirituel et
caustique en France, vif et ardent en Italie, triste
en Angleterre, mélancolique et morne en Russie,
lourd et sensuel en Allemagne. Toutefois, le cos-

mopolitisme actuel a tellement altéré ces différences, qu'il est presque partout, aujourd'hui, devenu uniforme et que, dans une même région, il a perdu jusqu'à l'originalité de la couleur locale. Les causes de ces changements dans nos usages sont multiples : sous le vent des révolutions successives, les mœurs politiques des peuples se sont transformées ; la lutte effrénée pour la vie facile et les jouissances, la fièvre de l'or, l'agio des coups de bourse, les soucis infligés aux masses par le suffrage universel, les énormes entreprises financières sous le couvert des accapareurs juifs, ces nouveaux venus depuis la déclaration des « Droits de l'Homme », l'intervention intempestive du municipal pour une vétille au sein de nos villes policées, et surtout l'abandon de toute décence et de toute pudeur, ont tellement modifié l'esprit de race, qu'il n'est plus rien resté de cette honnête et bonne gaieté gauloise dont nos aïeux avaient le secret pour faire le charme de leurs loisirs.

Où êtes-vous, bandes joyeuses qui, de l'Epiphanie au Mercredi des Cendres, sillonniez jadis les rues et carrefours de la vieille Provence ? Masques enthousiastes, où sont vos bruyantes farandoles, vos rondes entrainantes, vos fous rires et vos chansons, vos farces bouffonnes, vos spirituelles allusions et vos désopilantes caricatures ? Qu'êtes-vous devenus, débardeurs et chicards, hidalgos et bayadères, alertes Arlequins, blèmes et grimaçants Basiles, légendaires Polichinelles ? Et vous, types éternels de l'humaine sottise, empiriques Astrologues, complaisants Sganarelles, débonnaires Georges Dandins, Diafoirus ridicules, gens de robe, escholiers et basochiens ? Encore n'étiez-vous point seuls ! A travers vos sarabandes se croisaient en même temps des déguisements pleins de grâce et de coquette allure, tels que : pages et ducs, duègnes et marquises, guerriers et mousquetaires, châtelaines et barons, merveilleuses et muscadins, Grecques et Sultanes, Bohémiennes et Sibylles, bergères, femmes de la Halle, paysannes et vivandières.

Sur les places, des groupes grotesques provoquaient l'hilarité de la foule : ici, des jeunes gens revêtus d'une blanche lévite, munis de lanternes et armés d'un vulgaire soufflet, formaient d'indescriptibles monômes dirigeant d'un commun accord leur « instrument » vers la face postérieure du voisin ; là, d'intrépides cavaliers, enfourchés sur des chevaux de carton percés de part en part, les jambes dissimulées sous une étoffe couleur de la bête, faisaient exécuter à leurs montures les plus excentriques caracoles ; de ce côté, un adorable essaim de jeunes filles au frais minois, apparaissait sous le costume de nos aïeules : c'était le groupe des *Fi-*

leuses. Coiffées du classique bonnet de nos grand'
mères, appelé des *coquettes*, le visage encadré de
cheveux blancs et portant chacune le chanvre et la
quenouille ornée d'un lumignon, elles s'en allaient
à petits pas le long des rues, faisant des haltes pour
entonner, d'une voix pure et presque chevrotante,
les plus gais refrains de nos vieilles chansons.

Tels étaient le genre et la mesure des divertissements publics de nos pères, dont la plupart prenaient fin au sein des réunions intimes de familles
et d'amis. Là encore, s'épanouissaient le bon gros
rire, l'aimable plaisanterie et la saine jovialité, le
tout assaisonné par des flots de vin clairet et des
friandises spéciales aux jours gras.

Hélas ! ces temps heureux sont finis sans espoir
de retour. La génération nouvelle, sceptique et trop
viciée pour aimer ces honnêtes plaisirs, ne peut
plus prendre sur le vif et copier d'après nature des
choses aujourd'hui disparues de la réalité ; que dis-
je ? elle n'en a pas même souvenance, car les parents eux-mêmes dont elle est issue, en ont laissé
perdre jusqu'à la tradition. Le Carnaval, autrefois
si divertissant, est tombé dans la grossièreté, l'in-
signifiance et la langueur. Il n'a plus son à-propos,
sa gaieté, sa fine raillerie, son sel attique et son esprit gaulois. Il porte en soi le deuil de nos illu-

sions, le poids de nos misères morales et le stig-
mate de notre corruption.

C'en est fait des drôleries fantaisistes et des scènes si gentiment mimées aux applaudissements de
tout un peuple en joie ; le seul costume actuel vrai-
ment en vogue est le *domino*. Ce dernier, en effet,
s'adapte d'une manière parfaite à nos tendances et
à nos inavouables instincts, et, sous ce déguise-
ment, simple ou riche, le vice et la vertu trouvent
également leur compte ; car, s'il est le sauf-con-
duit de l'un, il est aussi l'hypocrisie de l'autre, et
permet à l'innocence qui chancelle de se commettre sans rougir avec la plus vile courtisane. Nous
avons jeté bas le faux visage expressif et trivial de
nos ancêtres, tout imprégné de leur crânerie et de
leurs traits caustiques et railleurs. Le stupide abê-
tissement de nos mœurs nous a fait délaisser la cui-
rasse et l'épée des anciens preux, l'élégant pour-
point des mignons Henri III, le gracieux manteau
à la d'Artagnan, au même titre que le feutre souple
de Pierrot enfariné, l'habit comique du Directoire
et la perruque de Cassandre. Sollicité par la femme,
l'homme lui-même a renoncé à son rôle et, de concert avec elle, sous l'anonymat du domino, il s'est
plu, soit à nouer des intrigues parfois permises,
souvent indignes, soit à introduire sa complice
dans quelque lieu mal famé, et le Carnaval, fidèle

image de l'état morbide de nos esprits, monotone, cynique, lamentable, s'étiole et meurt chaque année davantage de lassitude et d'anémie.

Adieu donc, svelte et subtil Arlequin, nul ne te voit plus fureter adroitement parmi les groupes et venir, dans une pirouette, voler un baiser sur le cou de ta jolie Colombine ! Adieu, guilleret et hardi Pierrot, tu ne vas plus, à la faveur d'une cabriole savante, serrer la taille de ta mignonne soubrette effarouchée ! Adieu, timides incroyables et galants Méphistos, on n'entend plus, aux accords de vos mandolines, le roucoulement de vos déclarations pathétiques et de vos naïves chansons d'amour sous le balcon de vos Dulcinées ! Adieu toi-même, ô Carnaval, jovial ancêtre, grand aïeul chéri des humains, toi qui, malgré tes rides, as su conserver la gaieté franche et la satirique bonne humeur des anciens jours ; promène tes regards sur les jeunes hommes énervés et moroses de notre époque ; ce sont tes enfants et ils sont plus vieux que toi, car ils t'ont méconnu, et ton réjouissant sourire leur fait pitié.

Vois là-bas ces groupes égarés de masques épars, ils vont et viennent sur nos interminables boulevards, s'accostent avec méfiance, se chuchotent quelquefois un mot à l'oreille et disparaissent. Où se dirigent-ils ? Regarde : l'heure impatiemment attendue a sonné, une porte s'ouvre, un jet de lumière a soudain inondé la chaussée : c'est l'entrée d'un bouge ou d'un alcazar ; c'est là que tous, un à un, pour tromper leur ennui, s'engouffrent, avides de luxure et de sensualité. A travers un fourmillement compact de dominos de toutes nuances, du sein desquels émergent quelques vulgaires pitres, des clowns de cirque et des proxénètes en blouse, des milliers de jambes lubriquement se lèvent au premier signal des flûtes et des tambours, et bientôt, en un charnier vivant, triomphent le *chahut* ignoble et les plus ordurières saturnales. Le lendemain, au petit jour, près d'un ruisseau boueux, inerte, exténué, ivre-mort, la tête contre une borne ou une bouche d'égout, le municipal ramasse sur le pavé un *bateleur* aux guenilles souillées : en cette figure de masque éhonté se personnifie le goût exquis de notre fin de siècle, et celui-là t'a dignement fêté, ô pauvre et cher vieux Bonhomme Carnaval !

LA MI-CARÈME

—

A Ninon.

Spleen, solitude, ennui ; que faire ? Adieu la danse !
Adieu le blond champagne après un souper fin !
L'air contrit maintenant et l'esprit tout chagrin,
Que reste-t-il, hélas ! Regret et souvenance.

Ne pleure plus, Ninon ; le temps de pénitence
Va finir, et ce soir, pour folâtrer un brin,
Comme aux beaux jours passés, cher ange, avec entrain
Je puis rompre à ton gré le jeûne et l'abstinence.

Veux-tu, mignonne ? Alors, sèche tes jolis yeux,
Lève-toi, fais risette, enroule tes cheveux,
Pose un camélia sur ton front pâle et blème ;

Mets du fard à ta joue, ajuste tes atours,
Reprends ton bas de soie et ton loup de velours,
Et suis mes pas, Ninon. Viens ! c'est la Mi-Carème !

SEMAINE SAINTE

Hommage à Mme Louise M.

Si, à sa naissance, le Catholicisme a compté tant d'adeptes, s'il s'est acquis la sympathie générale des masses. c'est qu'il a, dans son essor, montré une connaissance profonde de nos besoins, de nos penchants et de nos aspirations. En dehors de lui, aucun système de gouvernement, aucune combinaison politique ne sont parvenus à établir un aussi parfait équilibre entre les règles d'hygiène nécessaires à notre nature et la satisfaction des désirs infinis de notre âme ; la religion chrétienne, sans conteste, s'est, sur ce point, rencontrée avec la philosophie des vrais grands hommes de l'antiquité.

Forte des préceptes qu'elle était en devoir d'enseigner, en mère prévoyante, elle en a ordonné et

répandu les bienfaits. Au sein de la nature morte et
dépouillée, alors que les esprits sont enclins aux
idées noires et mélancoliques, elle a mis une crèche : au seuil du printemps, alors que la sève des
végétaux et le sang de l'homme affluent de concert
pour la rénovation universelle, elle a placé une
tombe et une résurrection. Terrible antithèse qui
justifie à la fois le jeûne et l'abstinence, indispensables à notre bien-être physique, et donne une sanction à la mystérieuse poésie de notre idéal ! D'un
côté, Noël : l'aube de la vie, l'espoir d'un avenir,
l'attente d'un inconnu, la promesse d'un Messie ;
de l'autre, Pâques : l'aurore du renouveau, la réalisation du fait accompli, la certitude du salut, la
glorification d'un Rédempteur.

Néanmoins, et afin de rester dans le cadre de cette
étude, on peut tout de suite assurer que les souve-
nirs ayant trait aux pratiques de la Semaine sainte,
renferment les plus sévères leçons que l'humanité
était susceptible de recevoir. L'Église, dès lors, a
tenu à perpétuer cette tradition, parce qu'elle y a
trouvé la preuve de l'opprobre indélébile de la ma-
lignité humaine, et elle a périodiquement rappelé
aux hommes ce témoignage accablant de leur infa-
mie, qui eut pour apothéose le supplice du plus
juste d'entre eux et l'immolation du Fils de Dieu.
Depuis Caïn, hélas ! avant comme après l'ère chré-

tienne, n'en fut-il pas toujours ainsi, je vous le demande? N'avons-nous pas toujours vu l'innocence souillée, le dévoûment méconnu, la vertu bafouée? Et si, jadis, Épictète et Lycurgue furent payés d'ingratitude, si Socrate but la ciguë, si Platon fut vendu comme esclave et Caton oublié : si, plus près de nous, Colomb et Galilée furent victimes de l'envie, le Christianisme, à son tour, n'a-t-il pas compté assez de martyrs, et n'avons-nous pas, dans notre existence nationale, des exemples frappants de la bassesse de notre pauvre nature?

Unique dans l'histoire des peuples anciens et modernes, Jeanne d'Arc, la plus pure figure et la plus radieuse qui ait jamais été, ne fut-elle pas livrée au bourreau par un apôtre du Christ, et sa mémoire vénérée ne fut-elle pas salie par le plus éminent des écrivains français? Chénier, le plus doux des poètes, ne fut-il pas jeté sur la charrette des victimes, et Louis XVI, le meilleur des rois, ne payat-il pas de sa tête les fautes et les abus de ses prédécesseurs? Toujours et partout, l'innocence, la vertu et l'honneur ont succombé sous le triste et monstrueux accouplement de l'envie, de la haine, de l'orgueil, et, psychologue admirable, la religion chrétienne a accompli une mission salutaire en opposant chaque année le sublime Golgotha à cette trilogie éternelle du vice : la jalousie de Caïn, le reniement de Pierre et la trahison de Judas!

D'une manière générale, et sans nous occuper des offices liturgiques de l'Eglise, partout uniformes, tout esprit sérieux conviendra que le lugubre anniversaire est, pour ainsi dire, la synthèse de nos misères et de notre malheureuse destinée. Malgré sa sévérité et sa haute portée philosophique, de sa célébration se dégage l'auréole de la plus tendre des pitiés et de la plus ravissante des poésies. Dès le début, en mémoire de l'entrée de Jésus à Jérusalem, se trouve la cérémonie des Rameaux. Gracieuse et touchante, cette manifestation rappelle l'heure délicieuse où l'unanime hommage rendu à la vertu semble laisser un instant espérer le règne paisible de la fraternité parmi les hommes ; mais l'allégresse est illusoire, quelque chose de triste pèse vaguement sur elle, et cette crainte, non encore définie, fait obstacle à l'entière expansion de cette joie, car on sent déjà le démon de la haine prêt à y jeter son mortel venin. Toutefois, grâce à l'enfance et à la sensuelle manière de l'honorer, cette coutume, même de nos jours, s'est conservée presque intacte dans les masses populaires et, tandis que les époux et les mères apportent sous la voûte des temples le buis bénit et le rameau d'olivier, n'est-ce pas chose charmante que de voir la légion des *babys* étonnés, béatement s'extasier devant le prêtre, avec leur pyramide dorée à laquelle se balancent, en leur enveloppe de sucre, tous les fruits promis à la terre à l'approche de la saison nouvelle ?

Nous voici, dès ce moment, dans la *Semaine sainte*. Le cérémonial qu'elle comporte revêt un caractère particulier, plus ou moins grandiose, suivant la nature du lieu et les usages établis. Aussi imposant que soit le spectacle dans les villes maritimes qui bordent l'Océan, en Provence et surtout le littoral méditerranéen, il est peut-être plus saisissant encore.

En effet, sous l'influence des équinoxes coïncidant avec les jours saints, le ciel provençal perd tout à coup sa teinte bleu d'azur : voilé par un crêpe immense de grises nuées, le soleil disparait et s'éteint, la mer houleuse gronde et s'agite, et les éléments en courroux semblent s'associer à l'agonie et à la mort du Fils de Dieu.

La foule, tristement, s'achemine vers l'autel où l'agneau sans tache immolé, rayonne au pied de la Croix. C'est l'heure du sacrifice. Recouvert du manteau d'écarlate et couronné d'épines, Jésus monte au Golgotha et tout un peuple l'accompagne dans sa douloureuse ascension. Le pieux pèlerinage s'accomplit le Jeudi-Saint et s'appelle vulgairement la « visite aux églises. » Il dure jusqu'à la nuit. Le lendemain, par un contraste étrange, le luxueux

autel expiatoire a disparu ; les temples, plongés
dans les ténèbres, sont nus et dévastés. Sous un pâle
reflet de cire jaune, seul, un cadavre meurtri, éma-
cié, sanglant, gît sur le sol. C'est celui du Christ.
Et, pendant vingt-quatre heures, le divin supplicié
reste là, exposé aux insultantes caresses des *Tar-
tufes* et des *Judas* répandus au sein de l'humanité,
ayant pour toute compensation le baiser du juste et
celui du repentir.

Au dehors, sous un ciel morne, l'image de l'in-
famant gibet surplombe l'horizon des mers ; les
navires, en signe de deuil, ont leur vergue en *pan-
tenne* (*) et leurs drapeaux à mi-mât : dans les villes,
à travers les rues, le choc saccadé d'un clapet de fer
entre deux coulisses de bois, a remplacé la voix ar-
gentine des cloches, pour annoncer les offices aux
fidèles, et, de quart d'heure en quart d'heure, le
canon des vaisseaux de guerre scande jusqu'au crépuscule les affres de l'agonie du Rédempteur. La
vue du tableau inspire et subjugue : le soir du même
jour, la foule se presse dans les temples pour écou-
ter le pathétique récit de la Passion, point culmi-
nant de la plus sublime morale qui fut jamais, et la
foule, anxieuse autour de la chaire, touchée jusqu'aux larmes, laisse échapper ses sanglots ; elle est

(*) Terme de marine auquel s'attache l'idée de désordre,
abandon, détresse.

venue chercher des impressions, elle les trouve et les reçoit, il est vrai, mais l'enseignement lui échappe, et elle s'en retourne, prête à recommencer sur l'heure son éternelle et fatale erreur en prodiguant inconsciemment ses grâces à quelque nouveau *Barrabas*.

Dès le samedi, à un signal donné pendant l'office divin, le décor change à vue d'œil : les navires reprennent aussitôt leur position normale, les couleurs nationales hissées claquent au vent, des salves de coups de canon, mêlées aux carillons des cloches, annoncent à tous les échos la résurrection prochaine de la grande Victime ; c'est l'heure de l'apaisement, de la clémence et du pardon, et, tandis qu'à l'autel l'eau et le feu sont bénits par le prêtre, on voit, de-ci, de-là, par imitation, des grappes d'enfants se suspendre aux appareils de sonnerie, et des jeunes filles, munies de leurs amphores, stationner autour des fontaines, afin de recueillir pieusement l'eau régénérée de la Rédemption.

Tout est à la joie, le trait d'union s'est renoué entre la créature et le Créateur ; êtres et choses purifiés se sentent attirés vers le ciel, et le ciel est descendu dans l'âme de tous. Sur les places publiques, les gens du peuple inaugurent le jeu des *Œufs de Pâques*, qui consiste à faire s'entre-choquer des œufs teints de couleurs variées ; des paris sont tenus, et celui qui a possédé l'œuf à l'enveloppe la plus résistante est proclamé le vainqueur. Cette coutume, répandue dans tous les pays chrétiens et orthodoxes, est une tradition symbolique de l'Église, laquelle y attache l'idée de commencement, germe, naissance, vie et résurrection. Déjà mis en pratique au moyen âge, l'usage en fut respecté jusque dans le palais des rois, où ceux-ci, à l'issue de la messe, faisaient distribuer aux personnes de la cour, des œufs artistiques, ornés de bijoux rares et de chefs-d'œuvre de fine peinture.

L'heure de la Fête de Pâques a enfin sonné ; sous le dôme d'azur du ciel de Provence, l'espérance et le printemps se sont donné la main, la première branche de lilas vient d'ouvrir son calice embaumé au tiède baiser du soleil ; à ce moment, sous le chaume du pauvre et sous les lambris somptueux du riche, la légendaire omelette au porc salé, mis en conserve le jour de la Sainte-Thérèse, et la succulente côte de l'agneau pascal, image séduisante de la divine immolation, rayonnent ensemble sur la blanche nappe immaculée ; le bonheur et la paix règnent parmi les hommes, et l'éphémère contrat d'alliance est signé entre la terre et le ciel.

Tel a été, dans le passé, et tel fut longtemps l'aspect général de la Semaine sainte dans les contrées méridionales de la France. Aujourd'hui, les har-

diesses et les prétentions de la science, les mots
d'ordre des sectes occultes, la lecture des livres li-
cencieux et sceptiques, les querelles de clocher, les
controverses et les chicanes de presse ont défloré
l'instinctive naïveté des croyances ; non seulement
les exigences de la vie contemporaine ont rendu
moins rigoureuse l'observation de ces temps d'abstinence, mais encore, la foi ayant déserté les âmes,
le respect des foules pour les manifestations exté-
rieures des jours saints, a subi une altération sensible.

Le spectacle de ces cérémonies n'offre même plus
le caractère de grandeur d'autrefois ; le côté mondain a triomphé de l'esprit religieux et battu en
brèche les antiques traditions du mémorable anniversaire : les visites aux temples ne sont plus que
de fallacieux prétextes à divertissements, où le
commerce s'ingénie pour étaler, devant les con-
voitises de l'envie, les merveilles de la Mode et tous
les hochets de la vanité ; à peine, d'heure en heure, le
canon de détresse résonne-t-il encore dans les ports
de guerre, à peine l'arbre de la croix se dessine-t-il
encore timidement sur la vague furieuse des océans
déchaînés, la foule désintéressée jette, en passant,
un regard distrait vers l'autel expiatoire, et, tandis
que les niaises protestations des fanfarons de l'athé-
isme et de la libre-pensée se font plus retentissan-

tes et plus audacieuses, elle assiste, indifférente, au récit de la mort de son divin libérateur.

Et si jamais ces traditions tombent en désuétude, si la lèpre du vice et de la dépravation suit de jour en jour une marche ascendante, n'est-on pas en droit de poser, avec les moralistes et les penseurs, cette question, que ma plume ose formuler ici à son tour : Que restera-t-il de ces pieux usages à la fin du XXme siècle ? Quelle nouvelle palinodie bizarre en aura comblé le vide, et qu'adviendra-t-il de ce noble et beau pays de France qui, dès son bas âge, affirma sa foi sur un champ de bataille fameux et dont l'épée flamboyante vint plus tard jusqu'en Palestine arracher aux mains des barbares les vestiges sacrés de Celui qui avait sauvé les peuples ?

BELLES DE MAI

COUTUME PROVENÇALE

A Lucienne.

Ave Maria ! c'est le joli mois des roses :
La terre exhale aux cieux des effluves d'encens :
Entre eux jasent les nids, et les adolescents
Ivres de doux baisers, s'en vont lèvres mi-closes...

Sous la voûte d'azur, en des apothéoses,
De mignons angelets, des essaims d'innocents,
Moissonnent à merci les lis resplendissants
Parmi les genêts d'or et les bruyères roses :

L'œil au guet, demi-nus, frais comme les amours,
D'autres, à tout venant, au coin des carrefours,
D'une fleur d'églantier sollicitent l'aumône...

Et sur tous les chemins de Provence, en plein ciel,
De-ci, de-là, se dresse un minuscule autel
Où chaque *vierge-enfant* se transforme en Madone !

LA PREMIÈRE CERISE

A Georges Bouret.

Dès la plus tendre enfance, Justin avait vécu dans l'intimité de Madeleine. Issus de familles de paysans liées entre elles par les liens d'une vieille amitié et dont les champs étaient contigus, tous deux avaient vu le jour à M***, importante bourgade située aux environs d'Aix-en-Provence. De même origine et de même condition, innocemment, ils avaient dès lors mis en commun leurs jeux, ainsi que leurs peines et leurs joies ; mais le jour où la jouvencelle eut atteint sa quatorzième année, afin de ne point donner prise à la médisance et à la calomnie, les parents de celle-ci étaient intervenus, pour rendre leur fréquentation plus circonspecte et moins assidue : Madeleine avait pleuré, Justin avait réfléchi, et tous deux avaient découvert que leur cœur était pris.

Un dimanche, après vêpres, par une calme et mélancolique soirée d'octobre, à peu de distance du village, au pied d'une colline boisée de chênes et de pins, les amoureux échangeaient le dialogue suivant :

— Faut-il te l'avouer, Madeleine ? Eh bien ! je dois ici te faire mes adieux.

— Me quitter ! dit la jeune fille troublée.

— Oui, je pars, mes dix-huit ans sont révolus et je viens de signer mon engagement volontaire dans l'armée.

Une larme, aussitôt retenue, avait mis un diamant aux cils de Madeleine ; un silence se fit, mais bientôt, se penchant vers lui, d'une voix douce elle ajouta :

— Moi qui avais rêvé d'être un jour ta petite femme !

— Qu'à cela ne tienne, tu le seras, dit Justin, mais dans trois ans, en octobre, après mon service.

— En octobre, oh ! non, plus tard... reprit-elle.

— Pourquoi ?

— Parce que je ne veux pas m'unir à toi à une époque qui me rappellerait le moment de notre séparation.

— Quand donc alors, au mois des roses ?

— Non, répliqua Madeleine, au temps des cerises... veux-tu ?

— Je le jure !

Sur cette dernière parole, les yeux chargés de pleurs, longtemps ils s'étaient regardés, et, dans une étreinte, ils s'étaient donné le baiser d'adieu.

.·.

Le lendemain de cette entrevue, Justin était parti ; il avait été incorporé au 73me de ligne, alors en garnison à Toulon, notre premier port de guerre. Jusqu'au début de la troisième année, le jeune fantassin avait été trimestriellement renseigné par sa famille sur l'état de santé de sa bien-aimée ; mais voilà que, tout à coup, il était resté quatre grands mois sans nouvelles. Justin fut perplexe ; un ordre ministériel devait heureusement le rendre libérable dans quelques jours, et cette idée soutenait son courage, car il mûrissait le projet d'annoncer lui-même la bonne nouvelle à sa future, en retournant dans ses foyers cinq mois avant le terme fixé.

Or, un matin de la première semaine de mai, dans une excursion militaire, le régiment avait fait halte aux environs d'un de ces coquets villages ensoleillés qui s'échelonnent entre Toulon et la station hivernale de la ville d'Hyères. La chaleur était rude, la température lourde. Justin avait avisé un humble toit aux briques rouges, perdu dans un champ de vignes, pour y demander la permission de s'y désaltérer.

Résolument, il s'engage dans le sinueux sentier qui semble y conduire, mais, à un détour du chemin, auprès d'un ancien puits entouré d'un massif de sureaux et d'un énorme cerisier, il aperçoit une accorte paysanne penchée à l'orifice et tenant dans sa main un seau d'eau fraichement tiré ; Justin, interdit, s'arrête et balbutie un mot d'excuse ; la jeune fille se retourne et, à sa vue, laisse tomber le récipient empli sur sa cruche vide, qui vole en éclats. O surprise inouïe !... c'était Madeleine !

Folle de joie, elle s'élance au cou du soldat.

— Toi ici, mon Justin ! s'écrie-t-elle.

— Et toi-même ? dit le « guerrier » stupéfait.

— Écoute, dit Madeleine en l'entraînant.

Et, la main dans la main, tous deux assis sur l'étroite margelle, elle poursuivit :

— A la suite d'un mal de langueur persistant, le médecin m'avait recommandé d'aller respirer l'air salin de la côte ; alors, je suis venue chez Rose, mon amie d'enfance au village, aujourd'hui propriétaire de cette vigne et de cette « bastide » que tu aperçois là-bas...

— Méchante ! pourquoi ne pas me l'avoir écrit ? dit Justin.

— Pour ne te causer aucune peine, riposte la jeune fille.

— Mais ne sais-tu pas que, dans deux semaines, je suis libéré ? Quelle déception pour moi si...

— Ah! quel bonheur! interrompt Madeleine ; mais, rassure-toi, j'aurais été de retour quand même, car je suis aujourd'hui rétablie et l'on m'attend chez ma mère pour la coupe des foins...

A cet instant, Justin s'était levé, un rayon de joie avivé par une émotion indicible avait empourpré son visage. Dans le vert sombre de la feuillée, il avait aperçu, gracieusement balancé par les caresses de la brise, un tout joli petit fruit teinté de rose : alors, il s'était hissé, avait penché la branche jusqu'à lui, l'avait cueilli fiévreusement et, d'un bond, était venu se jeter aux pieds de Madeleine, en lui disant :

— Voici la première cerise, ma chérie ; qu'elle soit pour nous le joyau des fiançailles !

De part et d'autre, la réponse fut muette, mais éloquente : ce fut d'abord un soupir d'amour, puis un ineffable sourire, puis enfin... un ardent baiser. A cette même minute, un coup de clairon retentissait et sonnait l'heure du ralliement. Il fallut se séparer.

. . .

Deux mois après, à la Saint-Jean, la cloche de la petite église du village de M*** carillonnait à toute volée ; un bouquet d'oranger parait le front de Madeleine, et Justin, rayonnant, conduisait sa gente fiancée à l'autel. Le soir de la cérémonie, sous des

cieux éclatants de rubis, toute une folle jeunesse
exécutait des farandoles aux sons entrainants de
quatre tambourins : trois jours dura la fête. et, depuis lors, d'après le témoignage des bonnes gens
de l'endroit, on dit que, sans cesse, pour les deux
époux :

La première cerise, aurore de leur ciel,
Eut le parfum de l'ambre et la saveur du miel.

LA FÊTE-DIEU

Hommage à Mlle Louise Dubrac.

Des parfums enivrants s'élèvent dans l'espace ;
Enfants, jetez des fleurs, c'est le bon Dieu qui passe.
P. M.

I

Juin dore les épis, la terre est vierge, les bourgeons éclatent, les fleurs s'entr'ouvrent, le zéphyr caresse les flots apaisés des océans, les oiseaux se marient, les nids tressaillent, les papillons s'enivrent dans le sein nacré des roses ; l'hirondelle, intelligent éclaireur, a pris son envolée plus avant dans l'azur, comme pour aller chercher plus près du ciel Celui qu'attend l'Humanité : c'est l'heure exquise et mystérieuse où la créature, dans un irrésistible élan d'idéal, éprouve un réel désir de s'élever dans l'Insondable et l'Infini...

Tout est prêt, quelqu'un de grand va parmi nous
descendre. Pure comme le calice du lys immaculé,
dans l'éblouissante blancheur de son voile, la jeune
fille est aujourd'hui la nouvelle épousée du Seigneur, et l'homme-enfant porte en son sein le symbole éternel du plus sublime amour. Tout est prêt...
le mystérieux visiteur va s'abaisser jusqu'à nous :
un mystique concert de voix d'anges remplit les
airs et le précède ; les voix innocentes et pures des
enfants des hommes y répondent et l'appellent ; il
vient, il sourit, il approche, c'est Lui, c'est le Sauveur, c'est le Messie : l'Hôte divin va célébrer les
fiançailles de la Terre et du Ciel.

*
* *

Entendez-vous ces joyeux carillons ? La cloche
tinte au village... Au milieu du sillon tracé, le laboureur a quitté sa charrue ; sa fille, en ses plus
beaux atours, s'en est allée au devant du Seigneur ;
près du chaume, en plein ciel, devant les gerbes
d'or ensoleillées et le front majestueux des hauts
sommets couronnés d'arbres séculaires, l'aïeule a
dressé l'autel et orné de fleurs la nappe blanche où
doit être tantôt reposé le divin Maitre ; tout alentour, la famille est groupée ; la mère prie, le paysan
se découvre et s'incline, les enfants s'agenouillent
et le prêtre bénit : spectacle imposant dans sa sim-

plicité rustique !... Le soir venu, près de l'âtre, on se donne le baiser de paix qui réconforte et, dans le sein du foyer sanctifié, des larmes de joie et de tendresse ont, une fois dans l'année, humecté les rebelles paupières du pauvre et de l'ignorant.

.*.

Entendez-vous, plus loin, au cœur des grandes villes, ces *hosanna* d'allégresse ? C'est le bourdon des cathédrales qui sonne à toute volée les réjouissances de la terre en communion avec le Fils de Dieu.

La scène, il est vrai, est ici moins pastorale, moins poétique ; mais la pompe et l'apparat remplacent la majesté du décor et les magnificences de la nature, et l'influence morale sur l'esprit et l'imagination des foules donne à la solennité le même caractère d'élévation et de grandeur.

Quel sublime spectacle que celui de ce peuple un instant arraché à l'appât du gain ! Chacun a revêtu ses habits de fête, tout travail est suspendu, toutes les discordes sont à cette heure apaisées !.. Heureux et malheureux, riches et pauvres, tous, sans distinction d'âge ni de sexe, ressentent les mêmes impressions ; le vice même a pris le masque de la vertu, et la fraternité semble un instant régner sur la terre. Qui pourrait dépeindre les émotions délicates et

insaisissables, les nobles pensées et les enthousias-
mes intimes qui germent au fond des âmes, depuis
les ineffables candeurs de l'enfance jusqu'aux larmes
réparatrices des expiations et des repentirs!...

Mais, suivons les groupes animés qui se pressent
sur le parcours de la procession. Toute trace im-
pure a disparu à l'apparition du Dieu fait homme :
partout des oriflammes, de saintes images, des fleurs
et des tentures. Dans les quartiers aristocratiques,
les lourdes draperies de velours et de soie ornent
les façades des hôtels, tandis que dans les centres
populeux, les élégants couvre-pieds piqués par nos
grand'mères et les longs draps blancs enguirlandent
les fenêtres et tapissent les murs entachés de vétus-
té ; il n'est pas jusqu'à la robe de baptème du nou-
veau-né, jusqu'au modeste voile blanc de la jeune
fille, qui ne viennent jeter leur gai sourire à travers
les mansardes...

Çà et là, sur les places et le long des rues, s'élèvent ces riants reposoirs où, dans un gracieux et
touchant mélange, les riches prie-Dieu, les objets
d'art et les croix d'or de l'opulence sont confondus
avec les humbles statuettes de la Vierge et des
saints, les petits Jésus de cire et le buis bénit, hommage de la foi et de la piété des classes laborieuses.

La joie augmente d'heure en heure, un inexpri-
mable bonheur est peint sur tous les visages, la

foule se porte au-devant du religieux cortège, l'épouse sourit, l'aïeul est attendri, les mères, heureuses et fières, se montrent leurs chérubins disséminés dans les rangs des fidèles.

Là, c'est un baby de cinq ans qui, par une douce fiction, a revêtu la légendaire tunique rouge du Rédempteur et porte sur ses épaules d'ange l'instrument de supplice qui racheta le monde ; plus loin, dans son adorable demi-nudité, c'est un saint Jean-Baptiste conduisant par la main l'agneau sans tache ; de ce côté, les cheveux épars, une mignonne créature représente Sainte Madeleine, l'humble pécheresse, allant se jeter aux pieds du Christ : et, tandis que des bébés aux chevelures d'or sèment, comme à Jérusalem, des pétales de roses et des fleurs des champs sur le passage du divin Sauveur, les jeunes chrétiens et les néophytes, les congrégations des vierges et les diverses confréries, entonnent les mélancoliques accords des cantiques sacrés.

Un temps d'arrêt marque l'instant de la consécration ; un prêtre, couronné de cheveux blancs, apparaît à l'autel, le peuple se découvre, les têtes s'inclinent, les tambours battent aux champs, les soldats plient le genou, les âmes s'exaltent, le Fils de Dieu console, bénit et pardonne.

Enfin, un immense *Te Deum* retentit sous les voûtes du temple, ruisselant de lumières ; tout un peuple accompagne et suit le cortège, et quand la nuit étend son voile sur la terre, tout est rendu à l'ordre naturel des choses d'ici-bas : le bonheur et la paix aux hommes de bonne volonté, la crainte et le remords aux méchants, le soutien de la foi au faible et à l'indigent, la consolation à l'affligé et l'espérance aux malheureux.

II

Et l'homme, resté seul, ne croit plus qu'à la mort.

A. de MUSSET.

Si les mesquines passions politiques, si l'ambition et l'égoïsme n'aveuglaient pas la plupart des hommes, aurait-on dû bannir de nos mœurs une coutume si étroitement liée à notre origine, à notre développement national et à nos grandeurs passées ?

L'inconséquence de nos libéraux et de nos libres-penseurs est ici évidente et manifeste : la première loi inscrite sur le livre immortel de la Révolution française, n'est-ce point le respect des majorités ? En vertu de ce principe, le devoir de nos rhéteurs humanitaires n'était-il pas de respecter eux-mêmes, au nom de la liberté, un vieil usage devenu, pour ainsi dire, la philosophie sensible et vivante de tout un peuple ?

Les antagonistes de la foi ont objecté la liberté de conscience et le tyrannique ascendant de ces manifestations sur les sceptiques et les esprits forts. Mais ces raisons, plausibles peut-être pour certaines âmes de haute envergure, sont-elles à la portée de l'intelligence moyenne des masses ?... Devant le dommage moral résultant de la perte de ces coutumes, j'estime que ces objections, seraient-elles faites de bonne foi, ne sont que de misérables excuses ou des duperies, au moyen desquelles les hommes nouveaux étendent leur domination et oppriment la majorité des honnêtes et des croyants.

Donc, habiles utopistes, en dépit des énormes pertes matérielles du commerce et de l'industrie, avez-vous jamais mesuré l'abime que vous avez creusé, en faisant le vide dans l'imagination du peuple ? Superbes de la négation, sophistes orgueilleux, matérialistes de tous les temps, ne le saviez-vous pas, que ce peuple au sein duquel se concentrent toutes les peines et toutes les douleurs de la vie, trainerait à cette heure avec lui une misère de plus, la plus affreuse de toutes, c'est-à-dire la perte de toute croyance et de toute foi ?... Auriez-vous été aussi acharnés, si vous n'aviez pas su que ces grandes et nobles manifestations, en servant de frein à bien des vices, étaient un obstacle à votre puissance et à votre ambition ? En ces temps, du moins, le malheureux sentait quelque chose de surnaturel vibrer en lui, il se forgeait un idéal, il sacrifiait une heure pour se rappeler son but et sa destinée, et cette douce émotion lui révélait son âme et opérait en lui un rapprochement entre la créature et Dieu. Que lui avez-vous donné en échange ?

L'instruction, direz-vous ? Mais l'instruction sans croyance et sans aucune sanction morale est un danger de plus : c'est une arme à double tranchant qui se retourne contre lui et avec laquelle il se suicidera plus vite... Vous lui avez mis entre les mains des écrits empoisonnés, dont la conclusion se résume invariablement par ces mots : « Plus de lois, plus d'autorité, plus de Dieu. » Vous lui avez dit, en invoquant les paroles du Poète, dont vous-mêmes, soit calcul ou sottise, dénaturez le sens propre : « Le soldat, c'est l'homme qui tue, le prêtre, c'est l'homme qui ment. »

Et alors, ô peuple inconscient ! en te parlant de la liberté, on t'a confisqué la tienne et l'on t'a dépouillé de toute espérance. Qu'y as-tu donc gagné ? Rien, et tu as perdu ce qui te consolait !

Afin de te capter davantage, ô vierge rêveuse et tendre, on a fait pénétrer dans ton esprit les sciences positives et naturelles, l'histoire moderne et le manuel du citoyen. Mais ni la physique, ni la chimie, ni la gymnastique, ni la prise de la Bastille ne pourront sauvegarder la pureté de ton âme et la candeur baptismale de tes jeunes ans !

O vous, innombrables filles de prolétaires, qui vous apprendra, entre le luxe et le plaisir, à préférer la misère et la souffrance et à conserver le doux mystère de votre pudeur, si, à la place de l'hostie sans tache et de la mère du Rédempteur, vous n'avez plus devant vous, toujours et sans cesse, que le triomphe du vice et de la prostitution !

Vous encore, jeunes libertins, hommes mûrs, honnêtes travailleurs, égarés par le mensonge ou abrutis par l'alcoolisme, vous tous enfin qui ne franchissez jamais les parvis de nos temples, qui vous rappellera au respect de vous-mêmes et à l'idée consolante d'un Dieu ?

Toi-même, pauvre enfant, qui puisais dans la vue de toutes ces choses saintes les naïves aspirations de ton âme naissante, vers qui tourneras-tu tes regards, puisque, sans pitié pour ton âge, on a arraché de tes yeux l'image de ce charmant Jésus, devant lequel ta mère t'enseignait à aimer et à prier!..

Et nous aurons beau faire, malgré nos cérémonies civiques et nos fêtes du travail, malgré nos éphémérides révolutionnaires et nos agapes patriotiques, rien ne pourra remplacer le grandiose spectacle des manifestations d'un culte public, renfermant à la fois toutes les poésies, réalisant tous les rêves et tous les enchantements, où se confondaient, dans un même élan d'émotion indicible, tous les âges et toutes les classes d'une grande nation.

Et voilà que nous tous aujourd'hui, véritables automates vivant sans foi, sans âme et sans autel, nous marchons sans espérance, regardant machinalement le ciel, pour nous, désormais. vide et désert.

LA CIGALE

A Paul Coffinières.

L'Août expire ; l'ardeur de l'astre-roi décline ;
Frais pondu, sous la terre évitant l'aquilon,
Un invisible insecte, infime puceron,
A quatre pieds du sol lentement s'achemine.

Muré dans un squelette, un temps il se confine,
Se fait nymphe dans la maternelle maison,
Et, brisant à mi-juin sa fragile prison,
Au banquet de la vie il aspire et s'obstine.

Débile, mais parfait, quand revient la Saint-Jean,
Avec sa robe verte, encor moite et tremblant,
L'insecte est devenu l'élégante cigale :

Nomade et vagabonde, elle prend son essor,
Et, de ses flancs brunis aux feux de messidor,
S'échappe un bruit perçant de stridente cymbale.

LES ROMÉRAGES

LA SAINT-JEAN

Au félibre Sextius Michel.

Après les désopilantes bouffonneries du Carnaval,
après le côté spécialement pittoresque des processions de la Fête-Dieu, s'ouvrait, avec la Saint-Jean,
la série des *Romérages* ou fêtes champêtres. Le culte
de ce saint remonte à la plus haute antiquité, et
cette fête se célébrait autrefois dans la plus grande
partie de la France. A Paris même, les rois et leur
cour venaient en place de Grève mettre le feu à
l'arbre dressé en l'honneur du grand anachorète,
et quoiqu'on remarquât quelques différences dans
cette célébration, suivant les usages de chaque contrée, comme en Espagne, en Hongrie, en Bretagne
et jusqu'au sein de notre chère Alsace, partout cependant l'élément de la fête consistait en « l'allu-
mage des feux. »

Dans les villes et villages de Provence, non seulement le curé et son clergé, le Maire et les échevins allaient processionnellement et simultanément, la croix en tête, procéder à la cérémonie des feux de la St-Jean, mais encore cette fête avait revêtu un caractère particulier aux us et coutumes de cette poétique région. Était-ce une pieuse allusion à l'apôtre précurseur, en souvenir du baptême de Jésus dans les eaux du Jourdain, ou bien un simple divertissement destiné à amuser les foules et à leur rappeler que la fête de ce saint marquait la venue des chaleurs sous les cieux embrasés de la belle Provence ? On ne sait au juste : toujours est-il qu'à la nuit tombante, le soir de la St-Jean, tout promeneur était exposé à recevoir des douches d'eau froide, lancées, soit avec des récipients, soit au moyen de petites pompes portatives faciles à dissimuler ; le jet venait soit d'une fenêtre, soit de la rue même et de la part d'un placide voisin, et rien n'était curieux comme l'hilarité générale produite par les grimaces et les étonnements des victimes.

Ces humides projectiles étaient plus spécialement destinés aux jeunes fats aux habits recherchés, aux femmes et aux enfants, mais ils étaient surtout adroitement dirigés vers le sein des jeunes filles, qui, surprises, poussaient des cris aigus et s'en allaient avec leurs compagnes chercher un refuge à l'endroit précis où une nouvelle douche plus nourrie leur était décochée.

Après quoi, filles et garçons se réunissaient pour sauter les tisons bénis du feu de la St-Jean, et d'immenses farandoles se déroulaient dans les chemins au bruit des rires et des chansons. Nul ne prenait en mauvaise part ces badinages innocents faits aux dépens d'autrui, et la plus franche gaieté accueillait ces coutumes, passées dans les mœurs provençales depuis l'origine de notre histoire. Les multitudes d'alors n'étaient point comme aujourd'hui cosmopolites, et aucun élément étranger ne s'interposait pour faire résistance à ces honnètes distractions : les caractères étaient uniformément enjoués ; la vie, moins enfiévrée, était plus douce et plus facile, et chaque foule représentant une grande famille, s'amusait selon son bon plaisir : car, du haut en bas, le même esprit de bonne humeur gauloise régnait et se répercutait, aussi bien dans la hiérarchie de l'autorité, que dans celle du peuple et de la bourgeoisie.

* * *

Le premier souffle révolutionnaire éteignit les feux de la St-Jean, mais ils se rallumèrent en Provence sous l'Empire et la Restauration, et ils n'ont été réellement abolis et oubliés que depuis l'avènement du régime actuel. Néanmoins, cette fête, populaire entre toutes, était, dans le Midi, le signal de tous les autres romérages ; chaque village, de concert avec l'Église, célébrait l'anniversaire de son saint par des jeux, par sa foire et son bal traditionnel, et c'était surtout du printemps à l'automne que s'échelonnaient les fêtes les plus suivies et les plus répandues, telles que St-Éloi, St-Pierre, St-Roch, St-Laurent, St-Clair, St-Barthélemy, St-Maur, Ste-Anne, Ste-Madeleine, Ste-Rose, etc.

Une fête au village ! quel spectacle gracieux et charmant ! Quelle joie attendue ! Quel bonheur pour l'exubérante et brune fille de Provence ! Dès le matin, les variations du fifre et les joyeux pan-pan du tambourin jouaient l'aubade au maire, au curé et aux gros bonnets de la localité ; les jeunes gars endimanchés affluaient des environs sur la place du village où se tenait la foire, et chacun venait attendre sa promise à la sortie de l'office divin ; la gente villageoise, rougissante et émue, s'approchait de son *calignaire* ou fiancé et lui promettait, après un échange de doux propos, de n'accorder qu'à lui seul sa main pour toute la durée de la danse. Après un copieux repas pris en famille, chacun s'empressait autour du tambourin, alors roi de toute fête provençale et, dans une vaste salle verte ornée de banderolles et de guirlandes fleuries, la jeunesse s'ébaudissait avec les amoureuses filles du pays du soleil. Les châtelains et grands propriétaires d'alentour ne manquaient pas de donner leur obole pour rehausser l'éclat de la fête, et leurs demoiselles avaient à cœur d'honorer de leur présence la salle du bal et d'y faire même l'ouverture de la danse. Ainsi, pendant trois jours, le village était en liesse ; une douce fraternité ralliait le riche et le pauvre ; rien de suspect n'apparaissait dans l'exposition publique de la foire : jeux d'adresse et distractions comiques se succédaient tour à tour ; les concours de chant, de paume, de boules pour les hommes, les amusants défis pour les femmes et les vieillards, enfin la course au sac, le jeu de la poële et la plus laide grimace pour les enfants.

* *

Depuis longtemps, hélas! les fêtes champêtres ont perdu en Provence leur charmante originalité. Le progrès aidant, l'amour du luxe et du confort, la fièvre des appétits malsains et la facilité des communications, n'ont point tardé à importer les habitudes dépravées des villes au sein de ces idylliques ébats. Les foules avides ont fait irruption dans les villages ; trombones, clarinettes et pistons sont venus détrôner l'antique et jovial tambourin ; les jeux de hasard ont envahi les champs de foire, les boissons alcooliques ont trouvé un accès facile, et la jeune fille aux mœurs légères s'est, peu à peu, glissée dans les rangs des vigoureuses et chastes paysannes du Midi.

Les romérages s'étant démocratisés, l'argent est tout à coup tombé dru sur la place et, ivre du succès, on a laissé faire. Qu'en est-il advenu ? L'honnête villageoise n'a plus été l'habituée fidèle de la danse, une fatale promiscuité s'est produite, le riche propriétaire n'a plus voulu délier les cordons de sa bourse, et sa fille a renoncé à l'honneur d'être la reine du bal. La concurrence s'en est mêlée, la vieille et bonne fête de famille a dégénéré en une véreuse affaire d'entrepreneur, et, sauf quelques villages enfouis au fond des plaines reculées, le romérage proprement dit a perdu toute saveur et toute poésie.

A l'heure qu'il est, c'est pis encore ; ces sortes de fêtes, multipliées à l'excès autour des villes, ont atteint le ridicule et se sont prostituées. Ce n'est plus même aujourd'hui un quartier qui les célèbre, c'est une agglomération, un groupe quelconque qui les décide ou les invente sans raison, le vocable du saint a été supprimé, et le bal champêtre n'est plus qu'un vulgaire bal de barrière où, à un certain moment, s'agitent pêle-mêle, aux sons discordants d'une insupportable musique, jeunes ouvriers et artisans, grisettes et gommeux, filles de tavernes, femmes publiques et souteneurs : une repoussante odeur de parfums de boudoir vous prend à la gorge et, le long de la foire, à la lueur des lampions, un type bien connu, avec sa face glabre, portant fièrement la haute casquette et l'accroche-cœur significatif, vous hèle en passant et, d'une voix éraillée, glapit autour d'une table ces mots sinistres : « Qui mise encore, Messieurs !.... la banque !.... la roulette !...

LES MOISSONS

A Victor Duclos.

Tout l'azur est de flamme et brûle sans haleine,
Vers le sol embrasé se penche chaque fleur,
Et l'or des blonds épis ondulant dans la plaine
Va tomber sous la faulx du rude moissonneur ;

En légers cotillons, glaneuses, à main pleine,
Attachent en faisceaux le grain mûr du semeur,
Et Jeannot, le beau gars, vif et prompt à la peine,
Sans trêve, à l'empiler, s'acharne avec ardeur.

Mais d'un rose reflet s'estompe la colline,
C'est l'heure du repos ; le soleil qui décline
Profile à l'horizon son disque éblouissant ;

Et sur l'aire engerbée où l'ombre se projette,
Jeannot, en tapinois, de plaisir frémissant,
D'un sonore baiser régale sa Jeannette.

LA SAINT-ÉLOI

A mon compatriote Senés, dit « La Sinse. »

Provençal d'origine, comme aujourd'hui je me trouvais, il y a quatre ans, en villégiature à Montfort-sur-Argens, village situé non loin de Brignoles, dans la partie nord du département du Var, où je possède un vignoble et une modeste maison de campagne.

J'ai là, sous mes yeux, tout un riant paysage : d'abord les ruines d'un château, antique forteresse, vestige du moyen âge ; à droite, de vertes forêts aux tonalités changeantes, et, sur la gauche, une rivière qui serpente dans une plaine fertile. C'est dans ce site pittoresque que je viens régulièrement m'installer pendant trois mois de la saison estivale, à mon retour de Vichy, où mon docteur me prescrit chaque année un séjour de cinq semaines.

Or, à l'époque dont je parle et dès les premiers jours de mon installation, une dépêche m'annonçait en ces termes l'arrivée d'un de mes plus chers amis :

« Congé d'un mois, arriverai demain, trois jours chez toi. — Signé Edgard. »

Parisien jusqu'au bout des ongles, ancien publiciste, actuellement chef de bureau au Ministère de l'Intérieur, Edgard, depuis l'adolescence, n'avait quitté l'asphalte des boulevards de la capitale que pour des missions officielles, ou pour aller flâner dans les villes d'eaux les plus en vogue et faire la roue autour des jolies baigneuses de Trouville et de Royan. L'annonce de son arrivée n'avait pourtant rien d'anormal ; elle était la réalisation d'une promesse faite à Paris, en pleine rue, deux ans auparavant, au sortir d'une première au Théâtre-Français. Il avait donc tenu parole, et ce bon souvenir de sa part m'avait charmé.

C'est avec une légitime impatience que j'attendis le lendemain l'heure propice pour parcourir la faible distance qui séparait mon lopin de terre de la gare la plus voisine. Un quart d'heure environ après mon arrivée, j'aperçus le long de la voie, en rase campagne, le panache de fumée de la locomo-

tive et, dix minutes plus tard, j'échangeais enfin
avec Edgard la poignée de mains la plus cordiale. Il
prit place dans mon léger phaéton et je le déposai
bientôt sur la terrasse ombragée de mon habitation,
où, devant un apéritif et à brûle-pourpoint, mon
vieil ami m'interpellant :

— Ah ! ça, voyons, franchement, ne t'ennuies-tu
pas ici ?

— Pas le moins du monde, lui dis-je.

— Et quelles sont donc tes distractions? reprend-
il.

— En deux mots, les voici : sur tout le territoire
communal, je chasse ; de ce côté, où coule une
ravissante petite rivière, je me livre aux douceurs
de la pêche ; sous cette tonnelle, je lis mes journaux ;
je déjeune à onze heures, je fais une courte sieste,
et, après un brin de toilette, je cours en voisin chez
la charmante châtelaine dont l'immeuble fait lisière
à ma propriété ; je trouve là aimable et nombreuse
compagnie, et des parties s'engagent au whist, au
trictrac, au jacquet, au billard, et voire aux
boules.

— Et tous tes désirs se trouvent ainsi satisfaits ?
insinue Edgard.

— J'ajouterai, pour être complet, que. pendant
la saison, j'assiste à toutes les foires et fêtes champêtres des environs, et qu'ici-même, demain par ex-

emple, si tu le permets, je me rendrai aux « courses de chevaux » dont les habitants de cette contrée sont très friands et très amateurs.

— Oh! oh! ajoute Edgard avec malice, à coup sûr, cela n'a rien de commun avec le grand-prix de Paris.

— Ne raille point, mon cher, on s'y passionne tout autant, et si les bookmakers n'ont pas l'importance de ceux de la capitale, on les y trouve tout de même.

— Et d'abord, explique-toi, pourquoi demain ? Est-ce donc jour de fête ?

— Tudieu! si c'est fête, ami! C'est la Saint-Eloi. On la célèbre ici en grande pompe et, si tu le désires, nous irons ensemble assister à ces réjouissances ; c'est à la fois curieux et amusant.

— Et en quoi consiste cette fête ?

— Veux-tu que je t'en donne un aperçu ? lui dis-je.

— Avec plaisir, répond Edgard.

— Eh bien, écoute : saint Eloi, comme tu le sais, était en même temps orfèvre, évêque et trésorier-ministre du roi Dagobert. Simple apprenti dès sa prime jeunesse, il devint, de bonne heure, habile dans l'art de travailler l'or et l'argent, et joignit à ses rares talents toutes les vertus chrétiennes de l'apostolat. Il mit en pratique les préceptes de l'Évangile, affranchit les esclaves, fonda des institutions pieuses et donna la sépulture aux suppliciés. Sa renommée étant devenue universelle, il fut choisi comme patron des orfèvres, forgerons, maréchaux-ferrants et, en général, de tous les ouvriers du marteau. L'Église honore le saint le 1er décembre de chaque année ; à cette époque, les artisans des grandes villes industrielles et les mécaniciens du monde maritime, en célèbrent la fête par des bals, des banquets et des libations ; mais, dans nos campagnes et surtout en Provence, le culte de St Éloi, sous le vocable duquel ont été fondées, jadis, bon nombre de sociétés de bienfaisance et de secours mutuels, est à la fois attirant, gracieux, typique, original. Les réjouissances en l'honneur du saint ont lieu immédiatement après les fêtes de la Saint-Jean, sous le patronage officiel des rouliers, conducteurs de véhicules et muletiers, et ceci t'explique comment le saint, dans certains villages du Midi, est représenté en tenue de travail, un fer rouge à la main, prêt à garnir de fer le sabot d'un cheval, ce second ami de l'homme, après le chien.

— Ton récit m'intéresse, dit Edgard de plus en plus attentif.

— Je poursuis donc : déjà, la veille, de rudes gars au torse vigoureux, fiers de montrer à leur cou bruni un foulard aux couleurs éclatantes, les reins entourés d'une rouge ceinture appelée *taïolo*, et précédés de tambours, de fifres et de galoubets, ont distribué de porte en porte aux habitants, la *touar-quo* ou pain bénit de Saint-Éloi ; le lendemain, dès l'aube, chaque bête de somme est lavée, étrillée, ferrée et bridée à neuf ; des aunes de rubans en forme de torsades, de diadèmes et de festons aussi frais que ceux dont se parent, le dimanche, nos belles filles de Provence, sont piquées avec des fleurs au harnachement et sur la croupe de l'animal.

Revêtus à leur tour de la légendaire blouse bleue et la bouche pleine de jurons pour émoustiller leurs bêtes, messagers, cochers, postillons et fermiers sillonnent, à la première heure, les routes et les chemins de traverse dans la direction du village ; entre temps, une bonne vieille paysanne, au teint hâlé, trottine sur son baudet fleuri et empanaché, et bêtes et gens vont bientôt se rassembler sur la grande place centrale, pour former le cortège de la cavalcade, qui doit parcourir le village en tous sens et dans laquelle est solennellement déployé le vénérable étendard, en soie verte et jaune, illustré par l'image du saint.

A partir de ce moment, l'aspect du village est des plus bizarres, le coup d'œil des plus étranges :

baudets, mules et chevaux de trait, la tête ornée de
plumes, de ganses coquettes et de fleurs, avec leurs
cavaliers en blouse sur leur dos recouvert de riches tapis, marchent de deux en deux par les rues
et reviennent, après maints détours, sur la place,
où, fringants, drapés et caparaçonnés, les attendent
les chevaux de luxe, montés ou attelés, appartenant
aux bourgeois et châtelains de la localité ; ces derniers, en vrais aristocrates (il y a une aristocratie
même chez les animaux), sont placés au premier
rang pour la cérémonie fixée à l'issue de la grand'
messe. Dès que l'heure approche, les habitants
viennent se masser sur les deux côtés de la place :
bientôt le prêtre officiant apparaît sur le perron de
l'église, assisté de ses deux acolytes ; il marque d'un
signe symbolique le front de chaque animal, baudets compris et, tandis que l'enfant de chœur distri-
bue au conducteur le gâteau consacré, tout muletier
qui se respecte, après avoir tendu une bouchée à sa
monture, garde religieusement un morceau de ce
pain, lequel a, dit-on, la vertu de les préserver tous
deux, lui et sa bête, des malheurs ou accidents pou-
vant survenir pendant l'année.

La bénédiction achevée, une grande parade s'or-
ganise autour de la place, la joie enlumine tous les
visages, et les animaux eux-mêmes, semblant avoir
conscience des honneurs qui leur sont rendus, ma-

nifestent, chacun à sa manière, leur contentement : le cheval hennit et caracole, le mulet s'obstine et rue, affaire d'habitude, et maître Aliboron, ennobli, redressant fièrement l'oreille, se met à braire et à galoper sur la route poudreuse, secouant avec grâce sa tête pomponnée et parée de mille faveurs multicolores voltigeant au vent. Mais voilà que le défilé se disloque soudain dans des directions opposées, et chaque animal regagne au trot son écurie, où, l'auge pleine et fleurant bon, est, ce jour-là, garnie d'avoine et de foin de premier choix pour les bêtes de somme et de labour, de picotins de blé de pays et de friandises pour les chevaux privilégiés.

A midi, un énorme banquet réunit à l'auberge la plus achalandée les vieux muletiers, rouliers, conducteurs, maréchaux-ferrants et fermiers de la localité et des environs ; d'une part, l'honneur brigué d'être *porte-étendard* pour l'année suivante est mis en adjudication et reste au plus offrant et dernier enchérisseur ; de l'autre, des paris s'engagent sur les courses de chevaux, qui s'ouvrent le jour même, à quatre heures du soir, et dont les prix consistent en *écharpes* et *bridons d'honneur* ; enfin, à la nuit tombante, un bal champêtre où les plus belles filles se montrent au bras des vainqueurs, clôture dignement cette première journée.

— Voilà, certes, un spectacle que je n'ai jamais eu occasion de voir, interrompt Edgard, enthousiasmé, et puisque celle-ci m'est offerte, je me propose d'y assister demain.

— A ton aise, lui dis-je.

Il me tendit la main pour mieux affirmer sa promesse et, après un dîner frugal, je me fis un devoir de présenter mon ami à mes voisins et à leurs invités, en ce moment assemblés sur la terrasse du château. Nous nous y rendîmes, l'entrevue fut charmante et, pendant une agréable et brève causerie, Edgard eut le temps de remarquer le frais visage et la grâce exquise de la fille cadette de la maîtresse de maison, Mme la baronne de Briancourt. Tel était le nom de ma châtelaine. Au moment de nous séparer, cette dernière, de concert avec ses deux filles, nous pria instamment de vouloir bien accepter une invitation à déjeuner pour le lendemain, jour de la Saint-Eloi.

— Avec plaisir, Mesdames, répondîmes-nous.

Et nous prîmes congé.

Le jour suivant, au lever du soleil, le bruit cadencé des grelots suspendus au cou des mules et des chevaux de trait, répandait gaiement leurs sons argentins le long des routes blanches et des sentes embaumées. La neuvième heure sonnait, quand nous arrivâmes avec Edgard sur la place du village, déjà vivante et mouvementée.

A l'ombre d'un ormeau séculaire, dissimulés au milieu des paysans et villageois endimanchés, nous nous assîmes pour déguster une absinthe légère et jouir en même temps du spectacle. Tout en devisant, Edgard me fit une révélation aussi piquante qu'inattendue : il m'avoua qu'au cours de sa présentation de la veille au château, il avait senti battre son cœur à la vue de Mlle Elise de Briancourt, et ajouta même que la jeune fille avait été sensible à cette marque de sympathie spontanée...

Mais notre conversation fut à ce moment interrompue par les rumeurs et les cris d'allégresse d'une foule en délire : c'était l'heure de la bénédiction et le défilé des bonnes bêtes, embarrassées de draperies, de houppes et de panaches était déjà commencé. Edgard, stupéfait, n'en pouvait croire ses yeux. Cependant, l'heure du déjeuner, fixé pour onze heures, était proche ; le tour des ânesses et des baudets à robe grise allait venir, et mon cher camarade semblait vouloir rester jusqu'au bout.

— Allons, viens-tu ? lui dis-je, nous allons commettre un impair.

— Tu t'en prendras à moi, me répondit-il : un instant encore.

— Onze heures moins dix minutes, nous sommes en retard, repris-je avec insistance.

Il se décide enfin. Force nous fut de hâter l'al-

lure de nos chevaux et de brûler la route, sous
peine de manquer aux convenances. Nous mîmes
pied à terre au château avec quelques minutes de
retard et, après nous être excusés auprès de la baronne sur notre inexactitude, ce dont mon ami
voulut bien, du reste, prendre toute la responsabi-
lité, on se mit à table. Une heureuse fortune plaça
Edgard entre Mlle Élise et Mlle Simonne, sa sœur,
fille aînée de Mme de Briancourt. A l'issue d'un
copieux repas, agrémenté de quelques fines et spirituelles réparties, trois élégants coupés nous con-
duisirent, avec tous les invités, sur le champ de
courses.

Déjà coups de fouet et jurons pleuvaient sur les
pauvres mules engagées dans la lutte. Au milieu
des cris et des invectives des parieurs, Edgard avait
trouvé le moyen de faire une cour assidue à sa chère
Élise et, tandis que parmi les concurrents aveuglés,
les uns, d'un côté, abandonnaient la course de dépit, aux trois quarts du but à atteindre ; tandis que,
de l'autre, certaines bêtes rétives lançaient des ru-
ades et désarçonnaient leurs cavaliers, du sein d'un
nuage de poussière sortait, de temps à autre, un
vainqueur, acclamé par des bravos et des hourras
frénétiques. Un jury remettait ensuite gravement
aux concurrents victorieux les brides et les écharpes
de soie à franges d'or...

— Eh bien, dis-je à Edgard quand nous fûmes seuls, regrettes-tu encore ces quelques heures passées au sein de notre fête provençale ?

— Certes non, répondit Edgard, et voilà un spectacle qui, sans contredit, offre pour moi plus d'attraits que celui de suivre des ministres en voyage ou d'entendre le discours du doyen d'âge au Sénat.

Et, à cette heure, je ris encore à me tordre de cette boutade que j'ai maintes fois occasion de lui rappeler aujourd'hui ; car, sept mois après cette fameuse journée, les bans de mariage d'Edgard et de Mlle Élise de Briancourt étaient publiés à Montfort-sur-Argens. Leur union fut célébrée en cette église même de village dans laquelle avait eu lieu la bénédiction des quadrupèdes enrubannés ; et, tous les ans, depuis lors, il ne manque pas d'assister avec son épouse à la charmante fête de la St-Eloi, originale entre toutes dans le pays des Troubadours, des Félibres et des Cigaliers.

LES VENDANGES

Evohé ! Evohé ! Tels étaient les cris joyeux qui,
dès l'aube, à la mi-septembre, retentissaient partout, dans les plaines et sur les brûlants coteaux de
l'antique Provence.

Evohé ! Evohé ! Accortes villageoises, brunes fermières aux dents blanches, belles et fortes paysannes au teint hâlé, balançant sur la hanche leur grand
panier d'osier, gars robustes et vigoureux, armés
de serpes et de tranchants, débouchaient à la fois
du fond des sentes embaumées, pour inaugurer la
cueillette et transporter par delà les guérets, les
bannettes jusqu'au bord emplies de grappes au fruit
vermeil. A l'œuvre ! à l'œuvre ! criait le maitre, le
cœur content, le visage épanoui ; debout ! le premier rayon de soleil vient d'embraser l'horizon !
Et, allègrement, d'un commun accord, dans les
champs de vignes, tout ce monde se dispersait en

chantant, à travers les pampres touffus pliant sous le poids des fruits chers au dieu Bacchus !

Evohé ! Evohé ! la vendange commence : sous les coups secs de la serpette, tombe la grappe dorée, quelques profils charmants émergent du vert feuillage aux membrures dentelées ; d'ici, de là, des chuchotements mystérieux, des éclats de rire étouffés ; de ce côté, une bonne femme au visage ridé, conte, d'un air jovial et badin, ses aventures amoureuses du temps passé ; un peu plus loin une jouvencelle, la gorge naissante et l'œil ardent, entonne de sa voix pure, les entraînants refrains d'une chanson et jette à la dérobée ses regards sur un superbe adolescent, qui, plein de vigilance, vient de temps à autre, courtoisement vider sa corbeille d'osier. Tout ce groupe humain, à demi perdu dans les luxuriants cépages, rit, chante, babille, tranche, coupe, déguste, se grise, exulte de joie ; chaque jeune femme et toute belle fille amoureuse font en sorte d'enfreindre les ordres du maitre, afin de mériter la punition qui, dans le midi de la France, est échue aux coupables. La faute, c'est un oubli presque toujours volontaire, la punition, un baiser ; le tout, un usage charmant du pays de Provence. Entendez-vous là-bas, sous cette haute vigne touffue, ce piétinement, ce cri, cet éclat de rire, ce bruit de baiser ? C'est fait ! le crime est consommé !

Il était convenu, en effet, que toute personne, homme ou femme, laissant, dans son rayon déterminé, une grappe sur pied après son passage, était condamnée à avoir la figure ointe du liquide extrait de cette même grappe, objet du délit, et à recevoir, par surprise, un baiser durant l'opération. La règle étant générale, les rôles pouvaient être indifféremment échangés d'un sexe à un autre ; mais, comme jadis au paradis terrestre, c'était Ève qui était naturellement la plus portée à la désobéissance. Jeune ou vieille, la femme commettait la faute avec l'intention bien arrêtée de faire succomber Adam à la tentation, et le plus beau gars, d'ordinaire, se chargeait d'exécuter la sentence. De son côté, la vierge coupable et malicieuse se défendait mal à l'approche de l'usurpateur, et, après une fuite simulée, captive sous l'étreinte de son aimable tyran, elle se rendait, subissait sa peine avec envie et, tressaillant d'amour, se pâmait d'aise sous le chaud soleil, au milieu des sillons embrasés.

> O capiteux baiser ! ô double volupté !
> Humer par le contact de sa lèvre mi-close
> La goutte de nectar sur un bouton de rose !...

Ce délicieux tableau des vendanges avait pour décor le ciel d'azur et la pleine campagne dans toute sa féerique beauté, et cet usage portait une dénomination exquise, consacrée par le poétique idiome provençal. Cela s'appelait *faire la moustouiro*, c'est-à-dire oindre de moût ou jus de raisin les lèvres et le visage de la personne jugée coupable d'avoir enfreint l'ordre donné. Afin d'exciter l'hilarité des vendangeurs, il arrivait même qu'un plaisant s'ingéniait à prendre en défaut une bonne vieille grand'mère à l'air réjoui, et, après avoir reçu la liqueur vermeille sur ses traits parcheminés, celle-ci, de la meilleure grâce, se prêtait au traditionnel baiser, au milieu des lazzis les plus bizarres et des éclats de rire les plus étourdissants.

Au surplus, à l'heure du repas, pendant le temps des vendanges, maîtres et serviteurs se confondaient dans une douce familiarité et faisaient table commune, en signe de réjouissance, avec tous ceux qui avaient pris part, soit à la récolte, soit au foulage des raisins. Un dernier régal était donné par le propriétaire à tous les travailleurs, et dès que la fermentation était finie, après l'opération des cuvées, sur les aires champêtres et les terrasses des châteaux, au son des tambourins et des galoubets joyeux, un bal était ouvert, où le maître de maison versait aux vendangeurs réunis, au sein des enivrements et des chansons, la première rasade du vin nouveau !

La saison des vendanges était close.

*
* *

Que ces temps sont loin de nous! Une terrible maladie, le phylloxéra, pour l'appeler par son nom, a dévoré la rustique et féconde vigne indigène et ruiné nos plaines les plus fertiles et nos crus les plus renommés. Nouveaux émules de Noé, nous avons, il est vrai, replanté la vigne : mais le vin qui coule de nos cuves n'est plus cette liqueur précieuse, portant en elle son arome essentiel et son fumet de terroir transcendant. Afin de lutter contre le fléau, nous avons importé et naturalisé des cépages étrangers, auxquels il a fallu donner les soins les plus minutieux et les plus complexes. A force de patience et de travail, nous avons obtenu, par l'opération de la greffe et le sacrifice des céréales, diverses variétés de raisins aux couleurs luxuriantes, mais ne donnant plus ces vins de haut goût qui provoquaient le rire et mettaient en verve l'esprit de nos aïeux.

Les récoltes du sol ont marché de pair avec les transformations de nos coutumes et de nos mœurs.

A mesure que nos pensées ont été plus sceptiques, nos caractères plus moroses, nos jouissances plus hors nature, les produits de nos terres ont subi une dépréciation sensible dans leur qualité, leur goût et leur saveur. Si, à cette heure, nos vendanges provençales n'ont plus leur vieil entrain et leur franche gaieté, de même aussi notre vin a perdu de son arome, de sa force et de son esprit. C'en est fait des éclats de rire et des folles chansons : la grappe, blonde ou vermeille, ménagée ou traitée à grand renfort de produits chimiques, tombe lourdement dans la bannette d'osier et prend en silence la route du pressoir. On ne danse plus en rond autour d'elle, et le chant du galoubet s'est tu ; d'énormes flots de vin rouge, de qualité très ordinaire, s'écoulent lentement dans les cuves et, après un court séjour dans les celliers sont, en toute hâte, livrés au commerce, afin de récupérer les fortes dépenses exigées par les soins de la récolte : car le vin du terroir ne vieillit plus dans nos caves pour nous distraire et nous égayer, et nous avons troqué les paillettes d'or de sa couleur de rubis, contre la froide et pâle blancheur de la pièce de cent sous...

O Provence autrefois bénie, Provence chère et bien-aimée, quel génie du mal a donc pour toujours arraché de ton front les deux plus beaux fleurons de ta couronne, et qui jamais pourra te rendre, d'une part, les spirituelles ballades et les joyeuses réparties de tes galants troubadours ; de l'autre, le chatoyant coloris et les enivrantes vapeurs de ton nectar parfumé, dont les fruits diaprés mûrissaient aux flancs de tes coteaux ensoleillés !...

SOUS LES JUJUBIERS

A mon ami Lucien Duc, auteur de « Marinette. »

I

D'une nudité affreuse en hiver, sa silhouette à
coups de poings menaçants se projette sous le ciel
gris ; par contre, gracieux et pimpant, l'arbre de ce
nom se pare, en été, avec une élégance et une
coquetterie exquises. Délicat et frileux, il est, au
printemps, le dernier à se vêtir et à faire toilette ;
pourtant, le premier frisson de la brise automnale
chiffonne sa luxueuse dentelle et jaunit sa robe de
frais feuillage. Son fruit, d'un vert tendre et de forme
ovale, devient écarlate en septembre, et des grappes d'écoliers en vacances s'attachent dès lors à
ses branches. Toutefois, il cache dans sa ramure des
aiguillons terribles, et on se demande pourquoi le
bon Dieu, sachant que des nuées d'anges viendraient
s'ébattre sous son ombre, l'a armé de ces dards cruels dont les morsures déchirent si aisément les
chairs roses et veloutées des petits enfants.

II

Presque toutes nos campagnes de Provence pos-
sèdent, dans les plaines, le long des rives, au fond
des parcs et des jardins, quelques plants de ce végétal importé de Syrie, et dont la note gaie anime
le paysage, réjouit le laboureur, séduit l'artiste et
attire les amoureux. Sitôt que son joli fruit rouge
ondule avec les feuilles, c'est lui qui, souriant, sa-
lue au passage la hotte pleine des vendangeurs et
donne rendez-vous à la folle jeunesse en liberté.

C'est aussi à l'ombre de ces arbres populaires que
l'histoire qui va suivre a pris naissance, au cours
de l'année 1869, juste un an avant l'année fatale :
elle eut pour théâtre une délicieuse vallée du département des Bouches-du-Rhône, connue sous le
nom de *Vallon d'Auriol*, non loin de la charmante
ville d'Aubagne. Là, depuis longtemps, jeunes garçons et fillettes des cités voisines se réunissaient,
aux vacances, et toute une bande joyeuse, dépenail-
lée, chemise au vent, s'en allait à travers champs
picorer les premiers raisins mûrs et faire main basse
sur les jujubes, les azeroles et les pommes. A peu
près tous du même âge et de même condition, l'en-
tente, entre eux, était générale : souvent aussi, ils
se choisissaient d'instinct, par sympathie, et formaient, au sein de leurs jeux, des couples ravis-

sants, parmi lesquels deux gentils bambins, Armand et Noémie, s'étaient liés de la plus étroite amitié.

Depuis trois ans, en effet, les deux familles, dont les propriétés étaient voisines, s'étaient régulièrement fréquentées pendant l'époque de leur villégiature : Noémie Lemercier, âgée de onze ans, était la fille unique d'un docteur de marine démissionnaire, qui exerçait avec succès la médecine civile à Marseille ; quant à Armand, son compagnon et son aîné de deux ans, il était le seul héritier de M. Richet, propriétaire d'une des plus belles tuileries des environs de la ville d'Aubagne.

Or, par une chaude après-midi de septembre, tout un essaim de *mômes* s'en était allé à la maraude et s'était disséminé dans un magnifique verger des alentours, au fond duquel s'étalait un bouquet de superbes jujubiers chargés de fruits. Chaque garçonnet, ayant fait choix d'une fillette, s'était piqué d'honneur pour être son servant et récolter la plus ample moisson du butin.

Les deux héros de ce récit avaient, d'un commun accord, avisé l'un des plus grands de ces arbres ; d'un bond, le jeune Armand avait escaladé le tronc à rugueuse écorce, atteint les branches et commencé éperdument la cueillette. Noémie, attentive à ses appels réitérés, s'écarquillait les yeux pour l'apercevoir dans le feuillage, et tendait son petit tablier d'enfant sous la pluie de fruits rouges jetés à poignées du haut de l'arbre généreux.

Tout marchait à souhait, mais notre bambin, trop zélé, se hâte plus encore, afin de doter richement sa gentille amie : soudain, par suite d'une fausse manœuvre, il glisse, perd pied, se trouble et dégringole à travers un bruissement de feuilles.

Noémie a poussé un cri et laissé couler à terre son tablier plein de fruits... puis, un arrêt subit s'est produit dans la chute du gamin, et un faible gémissement est parvenu aux oreilles de la fillette. « Au secours ! au secours ! » s'écrie-t-elle alors de toute la force de ses poumons, et le reste de la bande, occupé non loin de là à la même besogne, accourt au galop. La petite « Mimi », apeurée, explique l'accident, et deux « mioches » grimpent lestement pour délivrer leur camarade en danger. Bientôt, à la faveur de l'écartement des branches, le fond de la culotte ouvert et mis en lambeaux, on aperçoit le pauvre Armand littéralement pendu, le revers de la main droite cloué à une forte et solide épine et le visage sillonné de sanglantes écorchures ; on procède à la délivrance : le blessé est ramené sur le sol presque sans connaissance et toutes les fillettes, à sa vue, fondent en larmes, pendant que Noémie, plus courageuse, se métamorphose en sœur de charité.

Ramené ensuite chez ses parents dans le plus piteux état, Armand fut l'objet des soins empressés des deux familles. Après un minutieux examen de la blessure, le père de Noémie constata que, sous le poids du corps, le terrible aiguillon avait déchiré les chairs et mis à nu l'os de la première phalange du médium de la main droite, et que l'enfant en garderait longtemps la cicatrice.

Dès le lendemain, tout le joyeux groupe, honteux de la mésaventure, vint rôder autour de l'habitation, afin d'avoir des nouvelles du malade, mais ce ne fut que deux jours après que Noémie seule, sur ses instances, fut admise à visiter celui qui s'était si bravement sacrifié pour elle.

Armand, ayant de bonne heure montré un goût prononcé pour la sculpture et la musique, fut, à la fin de cette même année, mis en pension à Marseille et, trois ans plus tard, envoyé au Conservatoire de Paris pour y poursuivre ses études. Quant à Noémie, elle revit encore pendant deux ans à Auriol son meilleur camarade d'enfance ; mais, à la troisième, le chagrin qu'elle ressentit fit couler de ses yeux la première larme. Armand, son petit ami, Armand, le préféré de son cœur, n'était plus là !

III

Vers cette époque, la propriété du docteur fut mise en vente, et les Lemercier ne revinrent plus à Auriol. Définitivement fixés à Marseille, ils louèrent, le long de la *Corniche*, au bord de la mer, une coquette maison de plaisance, afin que le père de Noémie fût plus à même de rétablir sa santé chancelante ; vaine précaution, car malgré tous les soins prodigués, celui-ci succomba à la suite d'un fort accès de goutte, compliqué de rhumatisme. Mme Lemercier, veuve inconsolable, abandonna sur le champ la nouvelle résidence et vint cohabiter avec une de ses sœurs, célibataire, dans une modeste maison située à l'extrémité sud du vieux port, non loin du fort St-Jean.

Les quinze premiers mois de deuil s'écoulèrent dans la retraite, la tristesse et l'isolement ; malgré cela, sur le désir exprimé par sa fille, Mme Lemercier voulut bien consentir à prolonger d'une année encore, en faveur de Noémie, les leçons de piano subitement suspendues à la mort de son mari, et, sur la proposition d'une honorable dame de ses amies, elle fit mander un jeune professeur, premier prix du Conservatoire, qui, depuis peu et à juste titre, jouissait d'une certaine notoriété à Marseille.

Au jour convenu, en effet, un homme au port noble, à la mise élégante, sonne timidement à la porte et s'annonce comme étant le maître de musique demandé. L'artiste présente sa carte à Mme Lemercier qui, confiante, ne prend même pas la peine d'y jeter les yeux : elle-même, de son côté, néglige de décliner son nom et prie le professeur de vouloir bien la suivre dans la chambre opposée, où sa fille exécute une mélodie de Schubert.

A la vue de l'étranger présenté par sa mère, Noémie se lève et s'incline avec correction : celui-ci, après avoir galamment fait de même, remercie ces dames de l'avoir honoré de leur choix et Mme Lemercier prend congé. Le professeur, entrant aussitôt dans son rôle, prie la jeune fille de vouloir bien achever l'étude commencée, afin de porter un jugement sur l'ensemble ; Noémie s'exécute de bonne grâce et reçoit les éloges du maître. Ce dernier, toutefois, tenant à lui faire remarquer une nuance d'un effet difficile, s'avance résolument vers le piano, et ses doigts, avec une admirable souplesse, courent sur l'ivoire. Au même instant, une pâleur extraordinaire a envahi le visage de la jeune fille, sa lèvre a eu comme un frémissement et son regard est resté fixé sur la main droite de l'habile professeur.

— Qu'avez-vous donc, Mademoiselle ? dit l'artiste interrompu ; vous aurais-je intimidée ?

— Pardonnez mon émotion, balbutie la jeune fille en rougissant ; mais, si je ne craignais d'être indiscrète, j'oserais vous demander si le petit nom que vous portez n'est point celui d'Armand ?

— Vous l'avez dit, répond le maitre, Armand Richet. pour vous servir.

Un doux rayon de joie illumina le visage de Noémie.

— Ah ! Monsieur, reprend-elle, mon appréhension ne m'avait point trompée, car la marque que vous portez au doigt m'a assez éloquemment révélé votre nom.

— M'avez-vous donc déjà connu ? réplique le professeur, vivement intéressé.

— Souvenez-vous... ajoute la jeune fille, votre amie d'enfance... sous les jujubiers...

— Noémie ! s'écrie tout à coup le maitre en se levant.

Et, instinctivement, leurs mains se pressèrent, pendant que leurs lèvres se rapprochaient dans le plus pur et le plus chaste des baisers.

Un sérieux entretien remplaça la mélodie de Schubert. la jeune fille ouvrit son cœur à l'amitié, et, faisant allusion au passé, avoua combien, depuis la mort de son père, son existence était vide, morne et mélancolique. Dès qu'elle eut achevé, Armand, en proie à un irrésistible élan d'amour, se hasarda jusqu'à demander, séance tenante, si l'amie d'autrefois consentirait à devenir aujourd'hui l'épouse adorée et la compagne de sa vie.

— Si j'y consens, cher Monsieur Armand! répondit-elle.

Et les deux amoureux formèrent, sur l'heure, le projet d'en faire l'ouverture à Mme Lemercier.

Ainsi fut fait : après avoir ensemble pénétré dans une chambre voisine, Noémie, s'adressant à sa mère :

— Maman, dit-elle avec une naïveté charmante, je ne pourrai que profiter, si tu le veux, des leçons du maitre que tu m'as choisi, car mon professeur est, à l'instant même, devenu mon fiancé.

— Que dit-elle ? répond la mère stupéfaite, les yeux braqués sur le prétendant inconnu.

— Madame, ajoute alors Armand, la longue absence qui nous a si longtemps séparés et l'état d'âme dans lequel vous vivez depuis votre irréparable malheur, ont fait qu'au premier abord vous n'avez pas reconnu mes traits ni moi les vôtres : mais Mlle votre fille vient de se dévoiler à moi, elle m'a tout appris et sa demande est l'expression de la vérité tout entière. Quoique vous ayez, en effet, omis de lire mon nom sur la carte déposée tantôt entre vos mains, je suis heureux de vous rappeler que je me nomme Armand Richet, et j'ai l'honneur de vous demander la main de Mlle Noémie.

Mme Lemercier eut un saisissement, un imperceptible sourire se dessina sur sa lèvre et, tendant aussitôt la main au professeur :

— Est-il Dieu possible ? Excusez ma négligence, Monsieur Armand, et puisque le ciel nous procure le bonheur de vous revoir, je ratifie le choix de ma fille et vous accorde sa main, car vous êtes dignes l'un de l'autre.

— Merci !... balbutia le jeune homme d'une voix inintelligible, tandis que Noémie, reconnaissante, allait se jeter dans les bras de sa mère.

.   .   .   .

Ainsi, après une absence de treize années, les deux amis d'enfance s'étaient pour toujours retrouvés.

IV

Délicat et frileux, l'arbre populaire de Provence est, au printemps, le dernier à se vêtir et à faire toilette ; pourtant, le premier frisson de la brise automnale chiffonne sa luxueuse dentelle et jaunit sa robe de frais feuillage. Son fruit, d'un vert tendre et de forme ovale, devient écarlate en septembre, et des grappes d'écoliers en vacances s'attachent, dès lors, à ses branches et, bien qu'il cache dans sa ramure des aiguillons terribles, je m'explique à cette heure pourquoi ses piquants déchirent quelquefois les chères menottes et les minois des petits espiègles qui les visitent, car, pour les deux héros de cette histoire, les cruelles épines se sont aujourd'hui changées en belles et pures roses d'hyménée.

LA TOUSSAINT

--

A mon ami François Armagnin.

Novembre ! C'est la nuit : il pleut dru, plus personne
Au dehors. Seul, le vent brame dans le ciel noir.
Du haut des vieux clochers tristement le glas sonne :
Pour les morts, près de l'âtre, on va prier ce soir.

En tous lieux, volets clos, une lampe rayonne ;
On veille, et tout croyant, par un pieux devoir,
Invoque le Seigneur ou la sainte Madone
Pour l'être bien-aimé qu'il ne peut plus revoir.

Là médite une aïeule, ici pleure une mère :
Chez le curé-doyen, des pasteurs en prière
S'entretiennent tout bas en des psaumes latins ;

Et dans tous les foyers, chacun, de connivence,
Arrose d'un petit vin blanc sec de Provence
Les doux marrons grillés sous des tisons éteints...

LA CUEILLETTE DES OLIVES

A mon aimable confrère Antonius Adam.

I

Ce n'est plus la riante saison des roses, et les joyeux refrains du pressoir des vendanges ont, depuis longtemps, cessé : pourtant, à travers la belle Italie, dans l'antique Hellade, au sein de l'Espagne et de la Provence, il est encore, en plein hiver, pendant les jours tristes, une abondante et douce récolte qui, elle aussi, a son charme, son originalité, sa poésie : c'est la cueillette des olives.

Importé sur nos côtes par les Phocéens plusieurs siècles avant l'ère chrétienne, l'olivier exhale les premières senteurs de sa fleur parfumée et disposée en grappes dans les derniers jours du mois de mai : vert-sombre au-dessus, d'argent mat au-dessous, son feuillage à deux tons, tranchant sous l'azur immaculé du ciel, se courbe avec grâce, ondule à la brise comme le flot blanc d'écume d'une mer suspendue, et souligne d'un frappant contraste les paysages déjà si vivants et si richement colorés des provinces du Midi. A la fin octobre, la chair de son fruit prend, en se gonflant, une blonde couleur verte qui se nuance insensiblement, se tache, bleuit, passe au brun foncé et arrive enfin jusqu'au beau noir d'ébène reluisant et poli, signe certain de sa maturité. Vers cette époque seulement, c'est-à-dire à la mi-novembre, commence la récolte du fruit sacré, dont l'antiquité païenne, de par la loi, ne confiait la cueillette qu'aux vierges et aux chastes épouses.

Sous le ciel clément de la Provence, l'opération du gaulage des olives est simple, charmante, pittoresque et parfois même agréable, malgré les rigueurs de la saison. Dès l'aurore, des groupes de paysans, munis de tiges flexibles et de roseaux, se répandent dans les champs, le long des pentes et des ravins ou sur les coteaux ensoleillés. Une fois sur les lieux, leur premier soin est de tendre au-dessous de l'arbre de larges pièces d'étoffe grossière pour y recueillir la plus grande quantité de fruits ; cela fait, ils grimpent dans les branches, s'arc-boutent sur un point d'appui, et infligent aux plus hautes cimes, au moyen de leurs baguettes, de petits coups saccadés, de manière à détacher l'olive sans intéresser les jeunes rameaux destinés à la récolte prochaine.

Quand l'astre du jour monte à l'horizon, plusieurs arbres ainsi dépouillés ont déjà subi le même sort, mais bientôt, mères, épouses et filles, aïeules aux mains calleuses et flétries, fermières au teint rose et vermeil, enveloppées dans leurs robes de cotonnade et leurs tartans de grosse laine, viennent en troupe achever l'œuvre commencée : les unes s'appliquent à « traire » les branches les plus basses laissées tout exprès par les abatteurs pour la préservation de la ramure, et à laisser tomber en pluie dans leurs tabliers le joli petit fruit, qu'elles désemparent par une adroite et délicate pression des doigts ; les autres, inclinées ou à genoux, après la mise en sac des olives étalées sur les larges pièces de toile, s'apprêtent à ramasser une à une celles, plus nombreuses, que le choc a fait rebondir çà et là sur le sol. Entre temps, et tandis que la grive, surprise et friande de l'olive, sort effarée du sein du feuillage touffu, une brune enfant aux yeux noirs entonne une tendre romance que l'écho du vallon opposé répète au milieu du silence imposant de la nature ; cette autre, mélancolique et rêveuse, jette par instant un furtif regard d'amour vers un tout jeune abatteur juché non loin d'elle sur une haute branche, avec lequel, dans huit mois au plus, au temps des beaux épis d'or, elle doit s'unir par les liens du plus doux hyménée; enfin, pendant le cours de l'interminable travail, les bonnes vieilles gens devisent à mi-voix, caquettent à leur aise, se racontent les lointaines aventures de leur passé ou bien encore renchérissent sur les propos grivois de quelque ancienne légende du pays.

Mais déjà le soleil empourpre l'Occident : sacs, corbeilles et paniers débordent du luisant petit fruit ovale tout gonflé de l'onctueuse liqueur ; lentement, le groupe descend la colline, la brise fraîchit, le crépuscule commence, et l'on s'achemine gaiement vers la ferme où le précieux fardeau est empilé sur la cueillette de la veille et celle des jours précédents.

Là, sous l'œil vigilant de l'aïeul, journaliers, garçons de service et petits enfants, une pelle de bois à la main, s'empressent de « vanner » les olives déposées en tas et d'aérer ainsi la masse, afin d'éviter la moisissure et la fermentation. L'opération, renouvelée une ou deux fois par jour, consiste à élever en l'air l'instrument et à laisser ainsi « couler » le fruit à hauteur d'homme. Sitôt la besogne faite, le substantiel souper du soir est servi et, après une courte veillée, jeunes et vieux s'en vont prendre un repos bien gagné, pour recommencer, dès l'aube du lendemain, les mêmes rudes

labeurs, jusqu'au jour de clôture, où chaque ferme
à son tour réunit amis, voisins et travailleurs dans
une agape intime et fraternelle : maintes fois, le
meunier du moulin le plus proche est appelé à cette
fête, afin de choquer le verre avec toute la mai-
sonnée, et ce dernier, en revanche, avant le trans-
fert de la récolte au moulin, mesure, en présence
de toute la famille, les tas d'olives mis jusqu'alors
en grenier, pour que chaque propriétaire puisse se
rendre un compte à peu près exact de la quantité
d'huile qu'il est en droit d'espérer.

La cueillette de l'olive, en Provence, se termine
vers la deuxième quinzaine de février, à cause des
semailles et des autres cultures hâtives des terres
privilégiées du midi de la France, où la nature a
permis de recueillir, pendant les mauvais jours,
comme une manne céleste, ce fruit délicieux dont
la pulpe embaumée se changera bientôt en une
blonde liqueur verte, pailletée, à la lumière, d'é-
tincelants reflets d'un luxueux jaune d'or.

II

Cette intéressante transformation s'opère au sein
des manoirs abandonnés ou dans les dépendances
des antiques demeures seigneuriales appropriées à
cet usage. Dans les campagnes du Midi, les machines destinées au travail d'extraction sont encore

d'une simplicité rudimentaire et ne fonctionnent
ni à la vapeur ni à l'électricité. Etablis, la plupart,
sur de minuscules cours d'eau, les vieux moulins à
huile de Provence sont d'un aspect à la fois curieux, aimable, réjouissant. Là, point de chômage
pendant l'époque de la récolte : dès le seuil, une
buée douce et pénétrante dilate les poumons de son
arome enivrant ; une température de serre chaude,
toujours égale, règne à l'intérieur ; de primitifs lumignons brûlent nuit et jour le long des murs noir-
cis, et la frileuse araignée qui cherche un abri sous
ces toits hospitaliers, tapisse les plafonds enfumés
de ses plus merveilleux tissus. Au dernier plan,
dans la pénombre d'une vaste salle, autour d'un
arbre central, muni de deux roues dentées mues
par la traction de l'eau ou, à défaut, par la force
de chevaux de labour, tournent lentement d'énormes meules de grès affectées à la trituration de l'o-
live ; le produit de cette première opération s'écoule
dans des cuves ad hoc et donne une huile de choix,
appelée « l'huile vierge. » Toutefois, le noyau du
fruit étant imparfaitement dépouillé de sa chair,
il est procédé à une seconde épreuve plus rémuné-
ratrice : à cet effet, les résidus provenant des meules sont mis sous presse avec une addition d'eau
bouillante, laquelle a pour but de faciliter l'extraction de l'huile contenue encore dans l'olive à moitié

broyée ; le tout vient se rendre dans des récipients spéciaux où, après un repos d'environ vingt-quatre heures, l'huile, plus légère, monte à la surface et est recueillie au-dessus de l'eau, pour être ensuite mélangée avec celle de la première coulée. La différence des deux produits, comme goût et comme qualité, est sans importance notable pour la consommation.

De ce côté sont disposés de grands fourneaux de chauffe destinés à entretenir l'eau dans un degré constant de chaleur voulue ; sur le premier plan, apparaissent les divers ustensiles indispensables, tels que pelles, chaudrons, cuillers en étain, bassines, tierçons, vases et barils ; çà et là, les bras nus, le brûle-gueule aux dents, la peau ointe et luisante, de robustes et solides gars sont préposés à l'entretien des feux, au charroi des sacs, à la surveillance des machines et au mesurage des huiles.

C'est au milieu de ce cadre et autour d'une épaisse et lourde table de bois blanc, que ces braves prolétaires, paysans pour la plupart, prennent leurs repas, presque uniquement composés de légumes ou de hors-d'œuvre, dans lesquels l'huile est appelée à jouer un rôle des plus actifs.

Le mets le plus recherché et le plus en honneur pour leur frugal déjeuner, est l'*anchoyade* préparée

à la mode provençale : de longues tranches de pain
posées sur des plaques de cendriers brûlants sont,
au préalable, rôties et imbibées de l'onctueuse liqueur ; sur ce lit parfumé, sont étendus et pilés de
mignons anchois, délectables petits poissons de
conserve des côtes du Var et des Alpes-Maritimes ;
une fois réduits en pâte sur la surface dorée de la
tranche, la miche est représentée devant le brasier
et humectée à nouveau d'une huile délicieusement
embaumée ; dès qu'elle est au point et après avoir,
au-dessus, haché menu des oignons, de l'ail, des
piments et des fines herbes, on voit ces rudes travailleurs, heureux de leur sort, s'attabler en rond
et mordre à belles dents ces tranches d'un haut
goût, si appétissantes et si savoureusement exquises.

Tel est l'original et charmant spectacle qu'offre à
l'œil de l'artiste et de l'amateur la visite d'un moulin à huile en Provence. Après cette double extraction du fruit, les résidus de la récolte entière, con-
nus sous le nom de *grignons*, sont revendus à des
fabriques particulières appelées *recenses*, et ces derniers, soumis à de plus hautes pressions, fournis-
sent encore un liquide oléagineux, de qualité infé-
rieure, il est vrai, mais d'un puissant secours pour
la composition de certains produits dans le commerce industriel des grandes villes.

Aussi l'olivier fut-il jadis en vénération chez nos aïeux et, malgré les plus cruels hivers, quelques-uns de ces arbres aux troncs gigantesques et bizarrement difformes attestent encore, en différentes régions, une longévité de plusieurs siècles. Cependant, depuis l'invasion des ceps américains pour la reconstitution de nos vignobles, et par suite des procédés nouveaux dans la fabrication des essences d'origine étrangère, la culture de cet utile et gracieux végétal est, de nos jours, victime d'une négligence coupable. La vigne nouvelle exigeant les soins les plus délicats, bon nombre de grands propriétaires, les uns par esprit de lucre, les autres par pure imitation, ont hélas ! imprudemment arraché ces précieux trésors de leurs champs, et la Provence, à part les hauts plateaux, les gorges profondes et quelques pentes rocheuses, voit ses remarquables plaines se dégarnir peu à peu de l'arbre vert au feuillage d'argent, qui, sous l'azur immaculé du ciel, savait si bien prendre, au souffle des brises, ces molles ondulations pareilles aux blanches lames d'une mer suspendue et soulignait d'un si frappant contraste les paysages déjà si vivants et si diversement colorés des provinces du Midi.

Terre de l'Eden éternel, ô ma Provence ! si la vigne a couvert la plaine, couronne du moins de l'agreste olivier le front de tes collines ; ne sois point ingrate envers les munificences du Créateur et l'exceptionnelle douceur de ton climat ; que la hache n'achève pas son œuvre impie ! Demeure toujours l'enfant gâtée de la nature et, à ce titre, vénère encore, pour ceux qui viendront, ton arbre sacré, symbole d'espérance et de paix, afin qu'un jour, à la suite de quelque nouveau cataclysme imprévu, une blanche colombe, tenant à son bec un rameau d'olivier détaché de ton sol, puisse, comme aux premiers âges, apporter aux hommes ce signe de la miséricorde divine et de la mansuétude suprême du Tout-Puissant !

TABLE DES MATIÈRES

PARIS

JMPRIMERIE LUCIEN DUC

35, RUE ROUSSELET, 35

Imprimerie L. DUC, 35, rue Rousselet, PARIS.